Der Klassenlehrer
an der Waldorfschule

ヘルムート・エラー✢著
Helmut Eller
鳥山雅代✢訳

人間を育てる
シュタイナー学校の先生の仕事

口絵１　二年生の算数―掛け算の３の段の場合、３ずつ足した数を線でつなぎます。二桁以上は一桁の数字をつないでいき、図のようなかたちをつくって数の法則を学びます。

３の段

９の段

５の段

10の段

口絵２　五年生の地理―ハリゲン諸島のイメージ

胆汁質

粘液質

憂鬱質

多血質

口絵３　一年生の文字のエポック

花びらからアルファベットへ

花（Blume）

口絵４　六年生の幾何学—円のバラ

序文

シュタイナー学校は、設立から八十年がすぎました。このシュタイナー学校の重要な特徴は、クラス担任の先生が、同じクラスを八年間という長期にわたって担任し、すべての教科の授業をすることです。授業は「エポック授業」というかたちで行なわれ、担任の先生が、二週間、三週間、四週間と、同じテーマを連続して集中的に授業します。エポック授業についてよく知らない人は、毎年新しい教科を何週間もかけて授業するのは、先生にとってとても大変ではないか、そんなことができるのか、クラスの生徒との関係をどう作るか、クラスのなかに大きな障害や依存が生まれ、生徒の自立が損なわれないか、といった疑問を抱くかもしれません。シュタイナー学校のクラス担任の方法については、非常に多くの疑問が生まれることは避けられません。

このような疑問が数多く寄せられるなかで、自由ヴァルドルフ学校（シュタイナー学校）同盟の教育研究部門の故ゲオルグ・クニーベ氏が、シュタイナー学校での担任の豊富な経験があるヘルムート・エラー氏に、教師生活での体験をもとに、シュタイナー学校のクラス担任の仕事についての本を書いてくれるように相談しました。そうしてこの本ができたのです。この本は、担任の先生の仕事について、まったく新しい豊かな実りをもたらしてくれました。しかも、とても分かりやすい文章で書かれています。この場を借りて、著者に感謝の意を表したいと思います。なぜならエラー氏は、クラス担任の長所だけを書くのではなく、先生にとってむずかしい課題も積極的に取り上げてくれたからです。先生と生徒、先生と親との間には、かならず問題が起きます。この本には、そういった問題が本当に正直に書かれています。また、先生の仕事の中でいつも自分自身と向き合うことがどれだけ大切かということについて、とても大事な内容が書かれています。同時に、それぞれの学年の授業について、学年ごとに具体的に詳しく書かれており、この本で紹介された内容と豊かなイメージは、親だけでなく、シュタイナー学校の先生になろうと考えている先生たちにとっても、とても参考になるでしょう。

ヘルムート・エラー氏は、定年を迎え、担任としてのその実り豊かなすべての経験にもとづき、すばらしい本を書いてくれました。このことに、心から感謝の意を表したいと思います。

一九九八年、夏、シュトゥットトゥガルト

前自由ヴァルドルフ学校同盟代表　シュテファン・レーバー

はじめの言葉

一九九六年の春、クラス担任の仕事について一冊の本を書くよう、自由ヴァルドルフ学校同盟の教育研究部門のゲオルグ・クニーベ氏から依頼されました。

この本は、シュタイナー学校にわが子を通わせる親に、担任の先生のさまざまな仕事の内容を分かってもらうために書かれています。また読者のみなさんが、担任の仕事を知り、どういう授業をしているかという心の準備をしてもらうためでもあります。同時に、はじめて八年間のクラスを受け持つ担任の先生の参考にもなるでしょう。シュタイナー学校での八年にわたる授業を通して、担任の先生は「自分の」クラスを支え、自分の内面も、深く、強く、子どもやその親とともに育てていくのです。学年ごとに、新しい授業のエポックや課題、そしてつねに変容していく子どもたちを、分かりやすく表現しました。また、読者ができるだけ一つひとつの内容を追体験できるよう、イメージしやすい表現を心がけました。担任の先生とその授業について「自分なりのイメージ」をきっともてることと思います。また、学年ごとに設定された重点についても述べていきます。この本では、新しくはじまるシュタイナー学校での八年間の生活を迎える親たちにとっての心の準備ができるように、一年生の入学式の前に開かれる最初の父母会から八年生が終了する時期までを、ひとつながりの完結したかたちとしてまとめています。

私は、この本ではなるべく分かりやすい表現を心がけました。また内容としては、シュタイナー教育の理念や思想的背景ではなく、シュタイナー学校での担任の先生の具体的な仕事にしぼっています。読者のみなさんは、この本を通してシュタイナー学校の低学年（一～四年生まで）と中級学年（五～八年生まで）における基本的な教育内容について知ることができます。さらに興味をもたれた方には、それぞれの教科ごとに、または特別な学年についての参考書をこの本の最後で紹介しています。

この本にはシュタイナー学校に対する批判的な意見は述べていませんが、批判的な読者の疑問にも満足に答えられることを願っていますし、きっとご理解いただけることと思います。この本では親と教師の協力がどれだけ大切か強調しました。なかでも、かならず出てくる親と教師の問題、子どもと教師の問題にどう対応するかについて、特別な章をもうけています。なぜならば、それぞれが理解しあうことこそ、子どもに実りある教育をもたらすことができるからです。

この本は、親以外にも、教員養成のためのゼミナールの学生や若い先生たちも心に思い浮かべて書きました。この本のなかのさまざまな提案を参考にして、次の学年の授業の準備について見通すことができ、自分の授業づくりができるからです。これらの方々に対しては、私は責任重大なそれぞれの課題に対する「勇気」をもつことを願っています。すでに担任を経験した先生の中にも、この本を読むことによって新しい考え方を持つ人がいるかもしれません。なぜならこの本を通して、いくつかのテーマについては自分とまったく違うやり方で取り組める可能性があるからです。

この本のなかで私が授業中にある内容を感動的に教えたことについて、「このようにしなければいけない」と思い込み、「処方箋やレシピ」のように考える読者もいるかもしれません。たとえば、自分の担任に「エポックはかならずこのやり方でしてほしい」とか「授業の組み立てはこの通りにしてほしい」といったことを要求することも考えられます。しかし、私はそのようなことはまったく望んではいません。また、わが子のクラス担任の授業に不満がある親がこの本をもって先生のところに行き、先生を批判する材料として使うこともまったく願っていません。その担任の先生は、この本とはまったく違う考えをもとに授業をしたのです。どの担任の先生も、自分が受け持つ子どものために、彼独自のやり方で授業をつくったり、つくりかえていくことがいちばん大切なのです。経験豊富な先生のなかには、この本とはまったく違うたくさんの例をもとに、もっとすばらしい話ができる人もいるかもしれません。私は、教員研修でほかの職員の仕事の報告を聞くたびに、とても驚かされました。この本を読んで自分はできないと落ち込むのではなく、教師としてのみずからの創造的な活動に役立ててもらえたらうれしく思います。この本が、教員どうしのよりよい理解のために役立つことを心から願っています。

最後に、この本をつくるために協力してくれた人たちに心から感謝したいと思います。彼らの力がなければ、この本は決して生まれなかったでしょう。その感謝を、ゲオルグ・クニーべ氏に捧げたいと思います。彼は、地上での生活のいちばん最後の時期に、私に目次についての資料を送ってくださいました。ハンス・ヨアヒム・マトケ氏は、長い時間をかけて最初の原稿を整理し、私が手直しした原稿についても重要な助言をくれました。ルート・ブロンツマ女史は、ハンブルク・シュタイナー学校の地方学校連盟の秘書であると同時に、シュタイナー学校を経験した親の立場から原稿をとても批評的に読み、校閲してくれました。最後に、フライエス・ガイステスレーベン出版のマルティン・リンツ氏に感謝をしたいと思います。この本を本当にていねいにつくっていただいたことに対して、心からの感謝と尊敬の意を表します。

一九九八年、八月、ハンブルク

ヘルムート・エラー

人間を育てる――シュタイナー学校の先生の仕事・目次

人間を育てる

シュタイナー学校の先生の仕事

装幀　高麗隆彦

第1章　はじめに——親と先生の出会い

シュタイナー学校の担任の先生は、一年生から八年生まで、さまざまな領域の教科を教えます。三週間から四週間かけて、毎日、基礎的な授業に取り組むのです。たとえば、低学年では計算や読み書きを、また特別なテーマである植物学、物理学、科学、歴史、地理などの授業は十三歳から十四歳の子どもの発達段階にあわせて行なわれます。

担任の先生は、学年が上がるにつれ、自分が専門的に学んだことのない教科について研究し、授業をつくる割合が増えていきます。自分が苦手な分野の授業もしなければなりません。そのため担任の先生は、新しいテーマに対して、そのつど新たな気持ちで取り組むことが必要になります。さらに、生徒にとって、シュタイナー学校の先生は、八年間という長い時間をかけて、子ども時代から思春期までの心とからだの成長を助けてくれる、とても重要な存在でもあるわけです。また担任の先生にとっては、クラスの子どもの父親、母親と親しくなり、いつも連絡を取り合い、子どもの状態を見聞きし、検討しながら教育することが重要です。

そのほかにも、シュタイナー学校の先生は、毎週の職員会議（かならず開かれる上下関係のない会議で、学校運営にもかかわります）に参加し、大人数のクラス（三十六〜三十八人程度。現在では人数を減らす傾向にあり、二十五人のクラスが増えています）に取り組み、同時につねに自分自身の向上を目指します。

では、シュタイナー学校の担任の先生は、以上のような大きな課題をどう克服していくのでしょう。第一、そんな要求に応えられるのでしょうか。この本ではこの問題について考え、それぞれの学年の重要な授業をみなさんにお伝えしていきたいと思います。

具体的には、担任の先生にとってのそれぞれの学年での課題、八年間の子どもの変化と対応の仕方、親との取り組みの意味、そしてもっとも大切なこととして、長い授業の経験を積んだ担任がどうすればつねに学ぶ人として成長できるか見ていきましょう。

おたがいの信頼関係のはじまり

親たちは、わが子をシュタイナー学校に入学させることにしました。講演を聞いたり、いろいろな催しに参加したり、本を読んだりして、シュタイナー学校の方針を充分理解したうえで、子どもの教育のために期待して入学させたのです。(1) 親たちは、基本的に学校を信頼しています。なかには、どの先生がわが子を受け持ち、対応するか、疑問に思ったり、心配する親ももちろんいます。子どもが担任の先生とうまくつきあえるか、先生を受け入れるか、お互いに信頼関係を築けるか、授業の中で深く学ぶことができるかは、母親や父親が担任の先生をどう思うかによって決まります。そのため、親たちは担任の先生との出会いを楽しみにしています。多くのシュタイナー学校では、始業式の前の父母会のときに、新しい担任の先生とはじめて出会います。父母会では互いに緊張したり、興奮したりします。なぜなら、最初の印象がとても重要だからです。親たちは、担任の先生だけでなく、これから先の八年間ずっとつきあうことになるほかの親たちとも、はじめて父母会で出会うのです。

ほかの人の子どもがクラスの中でどうなるか、いいクラスの共同体ができるか、私たちの先生はいいクラスを作ることができるかといったさまざまなことが、父母会を通して分かるようになります。なぜなら、わが子をシュタイナー学校に通わせた経験のある親たちに聞くことができるし、担任に納得できなくても取り組んでいかなければならないと思う親も出てきます。では、担任にとってはどうでしょうか。

どの担任の先生も、期待や緊張、不安を感じています。経験豊富な先生でもまったく同じです。もちろん先生は、新しい親たちはどんな人たちなのか、自分のすることに期待し信頼してくれるか、今日の出会いによっていくらか疑問に思う親もいるか、どのように共同の作業をしていけばいいか、親たちは新任の先生（不器用な先生）にどう反応するか、新任の先生を受け入れてくれるか、何でも経験豊富な先生と比較して自分にはまだできないことを要求してくるか、といったことが気になっています。一方、参加者にとっては最初の出会いがかんじんで、これからの共同作業を本当に慎重に育んでいかなければいけないということがはっきりしてきます。

はじめての父母会

シュタイナー学校にわが子をはじめて入学させる親たちのために、いくつかのセミナーがあります。たとえば、ハンブルクのベルクシュテットにあるシュタイナー学校では、はじめての父母会のときに次のようなことが起こります。父母会の日になりました。親たちは席についています。まず経験豊富な職員が親にあいさつし、担任の先生を紹介します。親たちは緊張しつつ、新しい担任の自己紹介に耳を傾けます。担任の先生は、自分の経歴やこれからの課題、目的などについて、親たちの前で話します。それを聞くうちに、親たちのなかにわが子の担任の先生に対するイメージが湧くのです。その瞬間、お互いのあいだにとてもよい関係やつながりを感じることができたら、そのクラスはいいクラスになっていくでしょう。その後、担任の先生から入学後の学校生活についての紹介があり、最初のエポック授業や、はじめて学ぶことになる「フォルメン線画」についての説明を受けることになります。最後に、事務的な説明をし、親たちの質問に答えます。父母会の終わりには、お互いに少しはリラックスできるでしょう。父母会のあと、親たちが小さなグループに分かれておしゃべりをしたり、笑いあったり、最初の真剣な話をしたりする様子がクラスの中で見られます。それは、新しい学校生活を迎える喜びの情景でもあります。担任の先生にとって、すべての親がこの父母会に参加することほどうれしいことはありません。はじめての出会いの会なのに欠席する親がいるのは、本当に残念なことなのです。

第2章　入学式

はじめての登校日

子どもと担任の先生の取り組みがどうなるかは、先生の最初の授業の準備にかかっています。たとえば、どんな入学式にするか、どのように子どもを迎えるか、式のときにどんなお話をするかといったことや、入学式のプログラム、内容（あいさつ、歌、音楽など）を先生が念入りに準備することによって、学校全体で一年生の子どもたちを迎え入れるための空間をつくっていきます（シュタイナー学校では、一年生の担任の先生が入学式の計画をします）。

入学式でわくわくするのは子どもたちだけではありません。お父さんやお母さん以外に、たくさんのおじいさんやおばあさん、親戚、いとこが参加します。おばあさんにとっても孫の入学式を見るのはうれしいし、大切な経験になるのです。また担任の先生や父母にとっても、長いつきあいのなかの、いちばん最初の出会いという決定的な瞬間になります。参加者の人々は、入学式を通して先生に対する最初の信頼感をもつのです。

入学式はシュタイナー学校ごとに違いますが、ここでは私が二十二年間在籍した、ハンブルクのベルクシュテットにあるシュタイナー学校の入学式の様子を紹介しましょう。

式場はたくさんの人でうまりました。用意した席では足りないくらいです。新入生とその父母がいちばん前の席に座り、その後ろに在校生が座っています。式場は、喜びと緊張した雰囲気に包まれています。開会を告げる音楽が鳴りだします。オーケストラで演奏するのは中級学年（五年生から八年生まで）の生徒たちです。そして一人の先生が新入生を歓迎するあいさつをしたあと、担任の先生の名前が呼ばれ、舞台に上がります。

みんながいっせいに緊張し、先生のほうを見ます。先生は、いったいどんな入学式のお話をするのでしょうか。なぜなら入学式のお話は、子どもの心に深く刻まれるとても大切なものだからです。そのお話は、一年生で学ぶ授業のモチーフが織りこまれたおとぎ話です。そのおとぎ話は、十二年生（高校三年）の卒業式のお話のなかで取り上げられることもあるほど、大切なお話なのです。卒業する生徒たちは、担任の先生が入学当時の自分たちのクラスの特徴を的確につかみ、ふさわしいモチーフを選んだことについて、感慨深く思うようになります。

担任の先生にとって、舞台の上から子どもたちに語りかけるのは容易なことではありません。この時、すでに八年間の担任を終えた経験のある先生は、新入生の後ろに座るかつての教え子（九年生）も自分の話を聞いていることを知っています。彼らは、年相応にとても反抗的な態度で先生の話を聞いています。このように、入学式は担任の先生にとっては試練でもあるのです。しかしかつての教え子たちから、彼らがどのようにそのお話を深く受け取ったかを聞くと驚かされます。このお話をするときの静けさは、針が落ちても聞こえるようです。

四年生の子どもたちは、きれいな色の小さなお楽しみ袋を作りました。なかにはたくさんのお菓子が入っています。それは、十二年間の学校生活を一つの旅に見立て、旅の途中に必要となるシンボル的な食料にあたります。中身は果物、木の実、ほしぶどう、カンパンで、強く、堅く、新鮮で、しかし物事はよくかみしめて取り組んでいくものであることを象徴しています。それは、旅としての学校生活において、重要な要素となるのです。このお楽しみ袋は大きなかごの中に入れられ、舞台上に置かれていますが、すべての袋に名前がついています。担任の先生はそのかごの中から袋を取り出し、子どもの名前をよみ上げるのです。

子どもたちは親のそばから離れて、元気よく舞台の上に歩いていきます。そして先生に手を差し伸べ、はじめての握手をします。とても興味深いことに、子どもたち一人ひとりの気質によってそのしぐさや動きが異なります。目標に向かってさっそうと歩き、もらった袋をしっかりもっている子どももいるかと思えば、微笑みを浮かべて静かにあいさつし、恥ずかしそうにしている子どもや、舞台の上から手をかざして親を探すようなユーモアのある子どももいます。それぞれの子どもの気質が、入学式の舞台の上での様子から分かるのです。先生と子どもが舞台の上ではじめて出会い、あいさつするこの瞬間こそ、クラスという共同体がはじまるとても大切な瞬間なのです。

すべての子どもが舞台に上がり、いっしょに座ります。全員がそろいました。会場にいる人から、全員の子どもの様子がはっきりと見えます。これが新しい一年生です。この瞬間、担任の先生にはとても深い幸福な感情が湧いてきます。いままさに共同の仕事が始まろうとしているのです。そして、それぞれの子どもに、上級生（そのなかには、担任の先生の教え子である九年生もいます）からとても大きな美しい花が手渡されます。また先生もすばらしく大きな美しい花束を生徒から贈呈されます。二年生や三年生が作った小さなプレゼントが一年生に手渡されることもあります。

入学式が終わりました。子どもたちが会場から出て行きます。一年生が退場する間、会場には歌が流れます。

私は母なる太陽。
夜も昼も休まず地球を抱いています。
みんながすくすく育つよう、
大地にたくさんの光を送ります。
石、花、人間、
そして動物。すべての生きものたちは、
みんな私の光を受け取ります。
子どもよ！
あなたの心を器のようにして、
広げてごらんなさい。
あなたの小さなその心の器に、
私の光をたくさん注ぎましょう。

私の大好きな、かけがえのない子どもたちよ。
あなたの心と、
私の光が、
これからもずっと一緒でありますように。

退場しながら、一年生の子どもたちは会場にいる親たちのほうを見ます。子どもの気質によって、親を探すときの様子もそれぞれ違います。

入学式のあと、子どもたちは担任の先生といっしょに自分のクラスの教室に入ります。一方、親たちは、学校で開かれるお茶会に招待されます。そこで、今度は担任ではなく、専科の先生と知り合うことができるのです。なぜなら、一年生がもう一時間、担任の先生による最初の授業を受けているあいだ、親たちは子どもを待ちながら、専科の先生とお茶を飲み、話ができるからです。

親のなかには、入学した子どもが親ではなく担任の先生を尊敬し、頼りにするようになる姿を見て、少し悲しい気持ちになる親もいますが、子どもの先生に対する信頼がどれだけ大事か感じられるようになれば、その行為がとても大切だと分かるようになります。入学式は、親にとっての転換期でもあるのです。喜ばしいと同時に、子どもが自分から離れていく痛みを感じる瞬間でもあります。しかしその痛みも、子どもが学んでいくことを通して、次第に克服していけるでしょう。

はじめての授業──「君たちは、学びたいからここに来たんだよ」

担任の先生は、長い時間をかけてはじめての授業の準備をします。なぜなら、シュタイナー学校では、はじめての授業をとても大事にしているからです。先生は、授業の流れをどうつなげるか、とても細かいところまで慎重に考えます。子どもをどの席に座らせるか、どのように子どもにあいさつするかといったことを、先生は一つひとつ丹念に準備します。朝の言葉（補遺1）を子どもといっしょに読む先生もいるでしょう。なぜなら、それはこれからのおもな授業で毎日いちばん最初に読まれる言葉だからです。(2)

シュタイナーは、一九一九年に、最初のシュタイナー学校の担任の先生に、はじめての授業はどうすればいいかを記した簡単な草案を提供しました。(3) それは今日、世界中のシュタイナー学校でのはじめての授業のときに実践されています。ここで大切なのは、子どもが学校に入学する大切な最初の瞬間に注目させることです。「君たちは、学びたいからここに来たんだよ」と語りかけることによって、どの子どもも自分のなかに無意識にそういう気持ちを持っていることに気づかせてあげるのです。先生は、自信をもって、子どもの前で「どの子どもも学びたい気持ちをもっている」と言うことが大切です。なぜなら、子どもの魂のなかには学びたいという意志が息づいているからです。

一年生は、上級生や大人がどれだけ多くのことができるか、担任の先生に教えてもらいます。先生は、これからすばらしいことをたくさん学べることを、子どもたちに注目させるのです。このとき担任の先生は、子どもたちに、まず「君たちは書くことを学びます」とは言わないでしょう。なぜなら、すでに字が書ける子どもたちのなかには「もう字は書けるよ」と心のなかで思ったり、大きな声で言う子どもがいるからです。シュタイナーは、次のようなことに注目させることが望ましいと述べています。「大人たちはお互いに手紙でやりとりすることができるでしょう。いつか君たちも、大人と同じように手紙を書けるようになります」（これはとても社会的な観点です）。同じようにして、授業のなかで子どもたちにさまざまな例を話すことができるでしょう。

いよいよ、はじめての授業の山場にさしかかります。先生はしっかり準備をして、子どもに自分の手で黒板にまっすぐの線と曲がった線を書かせる課題にのぞみます。先生は曲線と直線を書くためのイメージを考えて、子どもに話しました。そして、まず先生がこの二つの線を黒板に書いてから、自分の手を見るよう子どもに指示し、「この学校では、手を使っていろいろなことに取り組みます。手はとてもたくさんのことができますよ」と言うのです。シュタイナー学校の授業では、まず手を使って活動する人間を中心に考えます。担任の先生は、どのように前に出て、どのように自分の席に戻るか、何色のチョークを選ぶか、どのように黒板に直線と曲線を書くか、といったさまざまな子どもの様子をはじめて観察することができます。先生にとって、このときの子どもの動きはその子どもにかかわる最初の体験です。先生は、子どもの最初の印象を誠心誠意、心の中にとどめます。そのときの印象は、子どもの担任をつとめる八年間、ずっと持ちつづけることになるのです。

授業の終わりが近づきました。担任の先生のなかには、入学式のときに途中までしたお話の続きを授業の終わりにする先生もいれば、まったく違う短いお話をする先生もいます。そして話のあとに、いっしょにお別れのあいさつをします。その後、先生は一人ひとりの子どもの手をとり、握手をして、瞳をじっと見つめます。お別れのあいさつはこれから毎日行なわれます。親たちは、教室のドアの前で緊張したり、興味深げにしたりして子どもを待っています。教室から出てきた子どもの中には、「これはぼくが書いたんだよ」と、直線や曲線を見せる子どももいます。最初の授業のあとには、先生と子どもといっしょに記念撮影をする親も多く、とてもほほえましい光景が見られます。

第3章　中心授業とエポック授業

エポック授業――一つのテーマに時間をかける

シュタイナー学校では、一年生から十二年生まで、朝の授業はかならず中心授業（エポック授業）からはじまり、専科の授業に移ります。中心授業は朝の八時に始まり、九時四十五分に終わります（ただし学校によって、この時間が短い学校もあれば長い学校もあります）。国語（ドイツ語）、計算、数学、フォルメン線画、幾何学、生活学、地理、歴史、生物学、物理学、化学といった授業がこの時間帯に行なわれます。エポック授業はふつうは三週間から四週間にわたる授業で、低学年の場合はさらに長いあいだ続くこともあります。これは、長い時間をかけて一つのテーマに集中的に取り組めるようにするためであり、このような集中はとても重要です。それぞれのテーマごとに、一つの要点について午前中に集中的に取り組み、次の日も同じテーマを深め、さらに発展させていきます。生徒はすばやくこのリズムに慣れます。エポック授業の基本的な考え方は、子どもの学ぶ力をつける方法として効果的であり、生理学的な面からもしっかり配慮されています。そのことについて、ヴォルフガング・シャード氏は次のように述べています。

「創造的な授業を作ることができる先生なら、生き生きとした授業の内容を、長期間にわたって、一週間に二回、三回とこま切れにして取り組めないことに気づくでしょう。三、四週間のあいだ、同じテーマの授業を、毎日続ける必要があるのです。エポック授業は、子どもに興味をもたせ、集中させる上で、とても効果的です。なぜなら子どもにとって、自分が知っているすべてのことを、つねに意識的に思い出そうとするのは、生理的にも心理的にも意味がないからです。ある時間内に積極的に学び、積極的に忘れることは、子どもの精神衛生上望ましいといえます。(中略) エポック授業は、授業の内容を、日常生活の意識のなかだけでなく、子どもがより深く自分の中に取り入れることを可能にします。学んだ内容を、自分の人生のために生かしていくのです。シュタイナー学校の中心授業で長い時間をかけて集中した内容は、学校のために学ぶのではなく、子どもが生きていくために学ぶ要素となり、学びが生きる力となるのです(4)」。

エポック授業のなかで、それぞれの子どもが文字による授業の記録に絵や図を添えることによって、子ども自身のエポックノートができあがっていきます。そのほかの授業で歌ったうたや朗誦した詩などは、子どもは忘れます(ドイツ語の忘れるvergessenという言葉には、essen食べるが入っており、ver-gessenで消化するという意味になります)。けれど、いったん学んだ内容は、次に続く時間のなかで、新しい能力に変容します。そして、同じエポックが再びはじまるときの最初の授業では、長いあいだ眠っていたエポックの内容を、先生が上手に子どもたちのなかに呼び覚ますのです。それによって子どもは再び目覚め、そのテーマを継続的に学べるようになるのです。

担任の先生にとって、エポック授業にはもう一つの大きな意味があります。先生は、三、四週間、ただ一つのテーマに集中することによって、とても深くそのテーマに取り組むことができます。三、四週間、一つのことに取り組めるということは、非常に多くの教材を克服していく上でとても大きな助けとなります。

中心授業――集中とリラックス

子どもが一〇五分という長さの中心授業を休み時間なしで受けることができるのは、授業が正しく構成されているからです。授業では、毎日のリズムを習慣化することが必要です。担任の先生は、授業のなかに集中する部分とリラックスする部分を上手に取り入れ、芸術的な授業の流れをつくろうとします。

シュタイナー学校では、すべてのリズムが特別な意味をもっています。イメージを使ってはっきりさせましょう。人間は、脈拍と呼吸が一定のリズムで連動しています。脈拍と呼吸に関係する器官は、心臓と肺です。それらの器官が疲れず、リズミカルに活動していくためには、授業そのものを「呼吸」のように作り上げていくことが大切です。では、「呼吸としての授業」とはどういうことかというと、吸う息と吐く息の関係は、緊張とリラックス、頭の作業と手足の作業、共同の取り組みと一人ひとりの取り組みのリズミカルな交代にあたります。授業のなかでつくり出したこのようなリズムは、一方で生徒の生命力を育み、もう一方で生徒が授業の課題としっかりと取り組む上でとても重要な役割をはたすのです。登校二日目にして、そのような授業の流れが、子どもたちの学びの上でとても大きな意味をもつようになります。

シュタイナー学校の低学年（一～四年生）と中級学年（五～八年生）の朝八時から九時四十五分までの

授業の流れは、「呼吸としての授業」として、次のように構成されます。

（1）リズムの時間
（2）くりかえしの時間
（3）中心授業
（4）書く時間
（5）お話の時間

リズムの時間

「朝の言葉」は、リズムの時間の最初に来ます。子どもたちは、一年生から四年生までと、五年生から十二年生まで、それぞれ異なった「朝の言葉」を朗誦します（補遺1を参照下さい）。それから子どもたちは歌をうたったり、韻を踏む詩を朗誦したり、手をたたいたり、数を数えたり、歩いたり、円になって遊んだり、笛を吹いたりします。

こういった経験を通して、クラスが協力してさまざまなことに取り組むための、生き生きとした力が湧いてきます。もちろん子どもたちがお互いを感じあったり、共同の作業のなかでみんなと力をあわせることができるようになるには、長い時間が必要です。このリズムの時間は、楽器の調律のようなものです。もしも調律がうまくいけば、授業という楽器がよりいっそう美しい音を奏でるようになるでしょう。ここでは一つの詩や歌などの課題を、何日もかけてくりかえし、たんねんに練習することが重要です。先生は、同じ歌や詩のなかから、子どもにつねに新しい課題（たとえば「お日さまがもっと喜んでいるように表現してみましょう」など）を与えて、子どもの芸術的な感覚を磨くのです。

くりかえし練習することが身につくことほど大切なことはありません。リズミカルに詩を朗誦したり、歌をうたったり、音楽を奏でることを通して、子どもたちは音楽的なリズムを体験し、何度もくりかえすことによって、そのリズムが子どものなかに浸透し、生命力のリズムになっていきます。それは、子どもに深い調和をもたらします。

「すべての行為にはリズムが必要です」というゲオルグ・クニーベ氏の言葉は、さらに次のように続きます。

「私たちの生命は、息を吸う（緊張する）、息を吐く（リラックスする）、起きる、寝る、といった対照的な動きをくりかえします。この正反対の二つの要素（緊張と緩和）のあいだを行き来することによって生まれるリズムが、私たちを健康にするのです（たとえば、息を吸うだけ、吐くだけでは健康的ではありません）。私たち人間のなかに生きているリズムという健康的な要素を授業に取り入れることほど、子どもの育成のために大切なものはないのです。授業のなかでは活発な動きと静けさ、耳を澄まして聞くことと自分で動くこと、お話のなかでは子どもが緊張する場面とリラックスし安心できる場面をそれぞれうまく切り換えることによって、子どもの感情やたましいまでも呼吸をするのです。緊張する場面では子どものからだに力が入り、ハッピーエンドの場面では子どものからだがリラックスするように、たましいの呼吸は子どものからだにも影響します。先生にとってもっとも重要なのは、今この瞬間、子どもが本当に必要としているものは何か見きわめることです[5]」。

はじめての授業の日、担任の先生はまず子どもたちに韻を踏んだ短い詩を聞かせます。そして、子どもといっしょにその詩を話したり、歌ったりすることによって、先生と生徒の最初の共動作業を体験させるのです。驚くべきことに、たくさんの子どもがはじめて聞く詩を先生が話したとおりにすぐに話しはじめます。だからこそ、担任の先生が正確な発音を身につけ、詩の言葉や語順を変えないことがとても大切なのです。もし間違えたら、それにすぐに気づき、指摘する子どももいるでしょう。そうなると、先生の権威が揺らぐことにもなりかねません。

このほかの練習については、学年ごとに詳しく見ていきましょう。

くりかえしの時間

子どもが前日の授業のなかで身につけたもの、生き生きと取り組んだものは、夜の眠りによってさらに深く子どものなかに浸透しました。くりかえしの時間は、この「忘れ去られた宝物」を、先生が授業のなかで上手に子どもの意識のなかに呼び起こし、くりかえし深めていくための時間です。くりかえすことによって、子どものなかにある生命力という宝が決してなくならないよう、大事に育んでいくのです。この「宝物」は、学校生活を送るあいだ、子どもたちのなかに生き続け、のちのさまざまなエポックによって繊細な力に変わっていきます。

シュタイナー教育では、子どもが学ぶ上で、眠りをとても重視しています。眠りは、元気を回復する作用があるだけでなく、子どもがその日の授業で学んだり習得した基本的なモチーフを、眠りのなかでさらに深め、次の朝には一歩前進した段階に変化させる作用もあるのです。眠りによって、子どもたちはより深い学びを獲得することができるのです。先生はそれをいつも忘れずにくりかえしの授業のなかでうまく利用する必要があります。

二日目の授業で、担任の先生は、前日学んだ内容のいくつかをくりかえします（ドイツ語のくりかえすwiederholenには、ふたたび連れてくるという意味があります）。昨日した最初の話をふたたび子どもに話したり、質問したりして内容を深めたり、子どもが前日手を使って作業したことについても、次の日はさらに先に進めていきます。担任の先生は、黒板にふたたびまっすぐな線と曲がった線を書きます。一人の子どもが前に出て、黒板に両方の線を先生が書いたように書きます。そして先生は、子どもに「これはまっすぐな線」「これは曲がった線」と二つの線の名前を言わせます。

方法論的には、くりかえしの授業では、まず子どもは手を使って自分で作業してから、頭を使って考えます。シュタイナー学校の教育方針では、「手でつかむことから理解することへ」ということに重点を置いています。子どもがからだのいろいろな部分を使って動くことによってみずからの感覚器官を発達させることは、子ども時代の知的教育のためにもとても大きな役割をはたします。子どもの学びにおいては、からだ全体を使って体験し、さまざまな感覚器官を使うことが、「考える」「把握する」「理解する」以前に、非常に重要なのです。

担任の先生は、シュタイナーが考案したくりかえしの方法が授業のなかでどれだけ大切かを実感し、心からシュタイナーに感謝することになります。なぜならこの方法は本来の教育のあるべき姿であり、子どもの意思の力を最初から活動させ、強めることにつながるからです(6)。

シュタイナー教育でいう「意志の力を強くする」という言葉は、子どもが「ぼくは何がしたい」と主張することではなく、子どもが本当に自分から動ける、取り組める、行動していける力を呼び覚ますことを指しています。つまり、自分のからだ全部を使ってスケッチしたり、絵を描いたり、文字を書いたりすることをやりとげる行動力を育むことです。規則的にある行動をくりかえすことによって、子どもがつねに自分で行動できるようになる力を強め、すくすくと育みます。そして、子どもは本当の意味で行動できる子どもとなっていくのです。

中心授業

くりかえしの時間から中心授業へ、リズムの時間からくりかえしの時間へ、そして中心授業へと授業が移っていくときに、「では、次は中心授業です」と言って区切ったり、間をあけたりして、授業と授業のあいだに穴をあけないように先生は授業を進めます。くりかえしの時間から中心になる新しい要素が含まれる授業に、スムーズに子どもたちを導くのです。その場合、担任の先生は、生徒の年齢に応じて、授業の教材をできるだけ生き生きと表現し、発展させます。一年生の場合は、イメージをもったお話が重視されます。そこでは、担任の先生が、授業のために長い準備期間をもうけて、子どものために「ふさわしい」お話を見つけるか、自分で生き生きとしたお話を作り上げることもできます。

二日目の授業の日、まず前日の授業を復習し、深めます。そして三日目に、授業のなかで新しい要素を加えます。たとえば、まっすぐな線と曲がった線を二日目に復習したあと、三日目に「ななめの線」を学ぶのです。その「ななめの線」がイメージできるお話を子どもにし、子どもが「ななめ」という感覚をイメージしたあと、先生は黒板に「大きなななめの線」と「小さなななめの線」を並べて書いてから、子どもたちにも黒板に書かせます。

書く時間

黒板で練習したあと、子どもたちはいよいよ自分のノートや紙の上に書けることを心待ちにしています。書く時間では、すべての子どもが手を使って作業することが大事です。エポックの種類によって、作業した内容を書いたり、絵を描いたり、スケッチしたり、計算の課題を解いたりします。子どもが書くことに対してすぐに反応し、ふさわしい方法で取り組むことができるかどうかは、担任の先生が授業のなかで上手に書く時間への移行を習慣化できるかどうかにかかっています。(7)

書く時間では、先生は教室のなかを見て回り、子どもが書く様子を注意深く観察することができます。必要があれば子どもを助けたり、子どもがどのように一つの作業に取り組むか、詳しく知ることもできます。たとえば、ある子どもは活発に作業をします。クレヨンをしっかりにぎり、輝くような力強い色を使って形をつくりあげていきます。別の子どもはすばやく薄い線を書き、すぐに作業を終えてしまいます。また、ゆっくりと文字を書き、他の子どもが終わったことに気づかない子どもや、非常に慎重にきちんと書くことに集中して、授業の最後になってもまだ自分のしたことに満足しない子どももいます。担任の先生は、作業をする子どもによりそい、子どものなかに湧き上がる感情をいっしょに感じることによって、子どもの気質や性格、特徴をゆっくりと知っていきます。

お話の時間

この後のお話の時間を、子どもはとても楽しみにしています。子どもたちは「お話」が大好きです。お話の時間は、中心授業のいちばん終わりにやってきます。担任の先生は、子どもの前で話すお話を家で慎重に準備します。そのお話には、さまざまな気質の要素がすべて入っているよう注意します。そして、本を見ず、子どもの前で、子どもの目を見て、話して聞かせます。ここでは、子どもにそのお話のイメージを抱かせることが大切です。もちろん、子どもが生き生きとしたお話の流れのなかに入り、子どもの感情を深めていくことにも注意する必要があります。

先生は、お話の時間に話す内容を暗記しなければなりません。また、それぞれの学年にふさわしいお話の時間のテーマがあります（ただし、それ以外のお話をしてはいけないわけではありません）。シュタイナー学校で話されるお話については、シュテファン・カイザー氏とイングリット・フォン・シュミット氏が、次のように書いています。

「その学年にふさわしいお話をすることは、先生と子どもたちに本質的な助けをもたらします。それは、思春期を迎えて自分で考えはじめる頃、今日の文化や文明に対する理解力を育てる助けとなるのです。（中略）慎重に選ばれ、真心から話されたお話は、子どもの魂に直接結びつきます。テレビの声でもラジオの声でもなく、直接子どもに語りかけられる言葉を通して、それを語る先生の人間としての個性が子どもに流れこむことによって、子どものなかに生き生きとしたイメージが目覚めるのです。この生き生きとしたイメージは、子どもが大人になるにつれて、多様に変容します。お話の内容は、子どもの魂の発達にとって、とても大切な助けになります。そのため担任の先生は、次のような各学年のお話を用意するのです」[8]。

一年生、童話（メルヘン）
二年生、伝説（聖人伝説）、動物のお話（イソップ物語など）
三年生、旧約聖書のお話
四年生、ゲルマン神話、英雄物語
五年生、ギリシア神話、英雄物語
六年生、民族学、古代の歴史からのお話
七年生、民族学、中世のお話
八年生、民族学、テーマは近代の歴史から

先生にとって、お話の時間内に物語が終わるか、中断できるよう、授業の終わりのチャイムがなる前に、ちょうどよいタイミングでお話を終わらせるのは容易ではありません。チャイムがなったとき、最高のクライマックスにさしかかったところでお話を終わらせてしまうのは、子どもの精神衛生上よくありません。その緊張は次の授業に悪影響を及ぼします。なぜなら、子どもが緊張したままでいるからです。その緊張を解くためには、リラックスする必要があります。

お話の時間は子どもが喜ぶだけでなく、担任の先生もとても楽しみにしています。以上で、先生と生徒の共同の朝の作業である中心授業は、すばらしい余韻をもって終わるのです。

なぜ一年生にメルヘンを語るのか

私たちが生きている現代という時代は、メルヘンのイメージの世界が忘れ去られた時代です。しかし、驚くべきことに、シュタイナー学校の先生は一年生の子どもたちにグリム童話を話します。生徒のなかには、そのお話を暗記し、何日もくりかえして話す生徒もいます。なぜなら、グリム童話はとても表現力の豊かなお話だからです。グリム童話の文章を自分の言葉で言い換えたり、短くすることはできません。しかし、グリム童話を自分の言葉で表現する先生もいるでしょう。もちろんそれは教育的にもふさわしいことです。大切なのは、お話の時間に本を読み上げないことです。そうすることによって、先生は一つひとつの言葉を意識的に話し、子どものなかに刻印していきます。子どもの目を見ながら話せば子どもと直接的な交流ができ、子どもの様子をじっくり観察することができますが、本を読んだのではそんなことはできません。

子どもはメルヘンの世界にどっぷりとつかっています。先生は、そのメルヘンの奥底に流れる深い叡智に取り組み、登場人物のもつ意味を理解した上で、子どもの前で話すのです。「本物」のメルヘンであるグリム童話などからは深い叡智が湧き出ています。そのイメージは、子どもの魂にとってとても意味があるのです。それによって、昔の人たちが、メルヘンのなかに表現された深い意味をもつイメージを、自分たちの精神と心の糧《かて》として取り入れていたことが分かります。このようなイメージの表現を「イマジネーション」と名づけることができます。本物のメルヘンの言葉にていねいに取り組むと、ふだんは避けてしまうようなお話のなかの残酷な部分がもつ深い意味を子どもに伝えることができます。[9]

子どもにとって、メルヘンにはとても大きな意味があり、欠かすことのできない大切なものです。シュタイナーによって、人間の文化の発展と、一人ひとりの魂や精神の発展が関係していることが明らかにされました。つまり子どもは成長する過程において、イメージの意識から、知的に理解する現代的な意識に向かって、意識の大きな発達段階を歩んでいるのです。だからこそ、子どもは一年生のときに、世界全体をあるイメージとして取り入れ、分かりたいのです。また、イメージは内面的な表現の力をもっていなければなりません。「深い叡智」に満ちあふれ、象徴性を持っていることが大切です。その象徴性は、子どものなかの生き生きとしたファンタジーの力をとても活発にさせます。それによって子どもは創造的になり、お話の時間に、自分の心のなかで自分自身のイメージを創造するようになります。そのイメージは、たくさんの子どものなかに生涯の財産として保たれていくのです。

例を挙げましょう。私は講義のなかで、参加者の学生に自分自身の赤ずきんのイメージを説明できるかよくたずねます。たとえば、狼が右から左に動くか、赤ずきんが右から左により道していくかなどについて、学生たちに想像させてみました。驚いたことに、学生の想像する赤ずきんはとてもよく似ていました。もちろんそれぞれが同じ絵を見たわけではありません。学生に「それでは、次に狼が左から右に歩いていく様子を想像してみてください」と言ったとき、学生たちは「それはとても難しいし、そんなことはしたくありません」と応えました。つまり、だれでも子ども時代からたくさんのイメージを自分のなかに持ちつづけているのです。それは、かつて自分のファンタジーの力がつくり出したものであり、自分のなかにずっと財産として保たれていたのです。

大人になってもメルヘンを読むのが好きな人がいます。メルヘンは、生き生きとした創造力から湧き出ます。メルヘンの登場人物のなかに深い教えを見つけ、そのイメージと自分とを重ね合わせることによって、大人の私たちもみずからのなかの創造的な力をふたたび呼び覚ますことができるのです。それは、親や教師以外の大人にとっても必要なことかもしれません。それを試みることによって、子どもの意識に近づき、子どもをより深く理解することが可能になるのです。

専科、練習時間、補習授業

シュタイナー学校では、専科の授業は毎日の中心授業かエポック授業のあとに行なわれます。その時間はふつうは四十分から四十五分で、木工などの場合は連続して二時間分（一時間三十分）行なわれます。専科には、外国語（二カ国語）、体育、木工、手工芸、練習時間、そして音楽・オイリュトミー[訳注1]・水彩画・粘土造型といった芸術授業、宗教と農作業の授業などがあります。

中心授業は一週間に十二時間から十四時間ありますが、担任の先生はそれ以外にも一週間に八時間から十時間の専科の授業をする必要があります。一人の先生がたくさんの授業を担当すれば、学校経営上は助かります。そのため、担任の先生が中心授業以外に自分のクラスで専科の授業をすることは珍しくありません。最初の年に担任の先生が行なう専科の授業としては、英語やフランス語といった外国語、音楽、手工芸などがあげられます。一年生から二年生では、担任の先生が体育の時間に遊戯的な要素を取り入れた「遊びの体育」という授業をすることがあります（六二頁参照）。また担任の先生は、体育、木工、畑仕事、宗教の授業を、自分のクラスでなく、他のクラスで専科の授業として担当することがあります。他のクラスで授業することによって、担任の先生は自分のクラスのためにもプラスとなる経験を積むことができます。担任の先生が他のクラスの専科の授業を受け持つことは、とても望ましいことです。そのことによって、他のクラスの状態も体験できるからです。しかし同時に、先生は自分のクラスの子ども以外の、より多くの子どもたちを意識しなければなりません。担任の先生の仕事としては、専科の授業の準備やたくさんの通信簿があり、さらに高学年になると子どもの課題のノートの点検や添削をする仕事も増えてきます。同時に担任の先生は、専科の先生の立場も充分理解することができます。シュタイナー学校では、専科の先生はさまざまなクラスで授業をします。専科の先生は、それぞれのクラスごとにまったく違う態度で授業する必要もあります。なぜなら、クラスの習慣や特徴に、上手に対応しなければならないからです。

六年生から八年生になると、練習時間という授業がとても大きな意味を持つようになります（この練習時間が始まる学年は学校によってまちまちです）。一週間のうち、一時間から二時間、担任の先生は自分のクラスで練習時間をもちます。練習時間では、たとえば計算のエポックで学んだ内容を子どもが規則正しく練習するのです。つまり、集中して学んだ内容を、練習時間によってずっと保っていくのです。国語の場合は「正字法」の練習などがこの時間に行なわれます。算数や国語が他の子どもより苦手な子どものために、担任の先生が早い段階から補習授業を用意することが大切です。もしも学校に補習授業ができる先生がいなければ、担任の先生が補習を担当することによって、授業についていけない子どもたちをサポートすることができるでしょう。なぜなら、先生はクラスの子どものことをよく知っているので、どの子どもにどのような問題があるか、何を克服していかなければいけないか、すでに分かっているからです。もちろん補習授業を行なう前に、親と補習授業についてよく話しあっておく必要があります。また、長いあいだ病気で休んでいた子どもや、算数や計算や国語の授業を受け入れなかった子どもが、補習授業でその課題と取り組むこともできます。エポックという集中授業を受けられなかった子どもたちにとって、補習授業がとても役に立つ場合もあります。

第4章　一年生

最初のエポック授業

前章では中心授業の構成について紹介しましたが、この章からはそれぞれの学年の代表的なエポックをもとに、エポック授業の基本的な意味を紹介します。そして、それぞれのエポック授業の関係と、生徒の心の成長を見ていきます。ただし、ここで紹介しきれなかったたくさんのエポック授業にもそれぞれ重要な意味があるのですが、ここで取り上げるエポック授業をご覧になれば、学年ごとの基本的なモチーフと授業のつくり方は充分お分かりいただけるでしょう。

フォルメン線画

シュタイナー教育では、はじめての授業では「フォルメン線画」を教えることにしています。最初の週は、まず、曲線、円、楕円、渦巻きといった基本的なフォルムに取り組みます。子どもたちは、それぞれのフォルムを心の中で感じ、体験し、目で見てから、自分のからだを動かし、実際に描いてみるのです。

エポック授業の終わりには、色とりどりの光り輝くフォルメンが、エポックノートや紙の上に現われます。子どもたちは、驚くべき成果を上げます。子どもは、この取り組みから手先の器用さを身につけると同時に、内面的な体験をも得ることができます。つまりフォルメン線画を通して、とがった角やジクザグの線と円や波の線などの曲線とはまったく違うことを感じながら体験するのです。子どもたちは、鋭角的なジグザグの線とおだやかな波の線の違いを、描くという行為を通してからだ全体で体験し、その線の「ジグザグ」「ゆるやか」という印象を感じることによって子どもの感情が動くのです。そして、授業を受けている子どもの意志、感情、思考力が営まれるのです。すべては行動を通して育まれていきます。このように、子どものからだのすべてに働きかけるのが、シュタイナー学校の特徴です[10]。

この期間は、子どもは文字を書くことも計算することもしませんが、リズムの時間に、韻を含んだ最初の詩や簡単な歌を習います。

なお、フォルメン線画の授業が始まる前の父母会のときに、親たちにフォルメン線画の大切な意味を伝え、信頼してもらうことがとても大切です。例を挙げましょう。夜の父母会に参加できなかったある父親は、子どもがフォルメン線画のエポック授業のときにノートに描いた簡単なフォルムを見ました。シュタイナー学校には通わなかったこの父親は、自分の学校時代のことを思い出し、「これで全部なのか。お前は何も学んでいないじゃないか」と、ばかにしたように子どもに言いました。そういわれた子どもがいったいどんな気持ちになったか、想像できるでしょう。その子どもは、フォルメン線画の授業をとても喜んで受けたのです。授業のなかで自分の心がフォルメン線画と一つになり、とても大切な取り組みができた、と思っていたのです。それなのに、その子どもの気持ちをまるで考えない親の言葉は、子どもに害を与えます。

それは、先生にとっても親にとっても、まったく同じことがいえます。こんな状態になると、子どもは先生が間違っているのか、大好きな父親が間違っているのか、分からなくなるのです。反対に、親と教師が力を合わせることほど、子どもを安心させるものはありません。親と教師がお互いを信頼することによって、子どもの学ぶ喜びはどんどん増えていきます。子どものわずかな進歩さえ親がとても喜べば、それは担任の先生にとっても大きな喜びとなり、先に進む力になります。

文字の授業

フォルメン線画のエポックが終わる日、担任の先生が子どもたちに「月曜日から文字のエポックが始まります」と知らせると、子どもたちは歓声を上げて喜びます。担任の先生も、心を込めて準備したアルファベットの絵に子どもがどう反応するか、とても楽しみにしています。ここで大切なのは、観念的なアルファベットの大文字を、ファンタジーのかたちで子どもに伝えていくということです。先生は、黒板に大きな絵を描きます。この絵のなかに、子どもが習うことになるアルファベットの文字が隠されているのです。アルファベットの文字は、絵のように造型的な中国の漢字とちがって、非常に観念的に発達した文字なので、文字をそのままのかたちとして教えるのではなく、たとえば「B」という文字についてのお話を童話のなかから見つけ、「B」に洋服を着せることによって、「B」が生き生きとしたイメージを持つようになるのです。

私は、グリム童話の（ヨリンデとヨリンゲル）を子どもたちに話し、花（BLUME）と、ヨリンゲルとヨリンデが魔法にかけられる場面を黒板に描きました。そして、その周りにたくさんのお花としてのBを描きました（口絵3参照）。子どものために創造力を発揮することがどれほど喜ばしいか、子どもの反応から感じることができます。自分の選んだ絵やイメージが子どもの心に届いたかどうかよく分かるからです。子どものためにアルファベットを含む絵を描き、子どもを感動させることが、子どもが先生を信頼し、権威を認めるきっかけとなるのです（詳しくは一〇五頁を参照下さい）。

絵に隠された文字を見つける方法とはじめて言葉を書く取り組みについては、ほかの本にたくさん紹介されているのでここでは省略します。

子どもにとって、観念的な文字のなかから最初のエポックで練習した基本的なフォルムを見つけることは、とても大きな体験になります。くりかえしの時間では、前日取り組んだアルファベットや単語を実際に書く練習をします。書く時間のなかで、担任の先生は子どもが字を書く様子を詳しく観察することができます。そして、相談に乗ったり、手助けすることによって、子どもの新しい面を知ることもできます。エポックの終わりには、子どもといっしょにアルファベットの文字をふたたび黒板やノートに書き、学んだ文字とお別れをします。同じようにして、これから学ぶすべてのエポックの基本は、ある期間、「眠り」に入るのです。

数との出会い

驚くべきことに、入学する前の面接の段階で、たくさんの子どもたちがおよそ二十までの数字を数えることができます。だからといって、計算できるわけではありません。計算の授業計画をたてた上で、担任の先生は、エポックが始まる前かその最中に、シュタイナー学校の計算の授業の内容、「数」についての考え方、教え方を、親たちに伝えることがとても大切です。親たちも、子どもたちと同じように、このエポックをとても楽しみにしています。

さて、算数のエポックの時間がやってきました。ここで大切なのは、子どもにいろいろな計算の仕方を教えることではなく、まず一つひとつの数の本質を教え、その数を書かせてから、いっしょにいろいろな計算の仕方を学ぶことです。数え方を練習し、計算の仕方を教える際、担任の先生は、栗、どんぐり、豆、小さな木のかけらといったさまざまなものを使います。

どうすれば最初の計算のエポックをうまく始められるかについては、エルンスト・シューベルト氏の『シュタイナー学校の算数の時間』[11]という本に、親や先生を対象とした最初の計算の授業の上手なつくり方が書かれています。何日か教えるうちに、担任の先生はアイデア次第で算数の授業はいくらでもうまく進められることに気づきます。子どものなかには、すぐに理解できる子ども、長い時間をかけて練習しなければ分からない子ども、新しい課題を少しずつ克服できる子どもという具合に、さまざまな子どもがいます。算数の授業の進め方について、一概に外側から決めつけることはできません。一人ひとりの先生が、子どもたちとの取り組みを通して、自分で見つけ出していかなければならないのです。

算数のエポックでは、子どもの状態を慎重に考慮した上で、ゆっくりと授業を進め、少し進むたびにくりかえし練習することが重要です。ここで、「記憶」という概念が大事になってきます。最初は、まずたくさんの内容を記憶することによって学びます。子どもによっては、ずっと後になって、記憶した内容を理解することもあります。生徒はまず一から十までの数を暗記し、足し算と引き算を学んだ何カ月かのち、算数のエポックで一の段や二の段といった簡単な九九《くく》について学びはじめます。

計算の基本的な法則を教えるときには、足す、引く、掛ける、割るといった四つの計算の方法が、「分ける」ことにもとづくことを子どもたちに理解させることが必要です。なぜなら、「分ける」という行為こそ、数学の根本的な行為だからです。担任の先生は、足し算の場合、まずクラスの子どもたちに十二個の栗を渡し、次のように分けることから計算をはじめます。

12＝4＋3＋2＋……栗。

シュタイナー学校の授業では、すべての教科に「全体から個へ」という考え方が浸透しています。「最初はすべてがつながっており、そこから分かれて発展する」。この一見単純な考えは、アントロポゾフィー人智学の深い思想にもとづいており、それがシュタイナー教育の出発点でもあるのです。たとえば算数では、全体としての栗を十二個もっている状態からはじまり、それをいろいろな方法で個に分けていきます。まったく何もないところから、6がきて2がきて3がきて1がくると、全部でいくつになるかをたずねる計算の仕方との違いは、人間の生きかたの決定的な違いでもあるのです。人間として生まれてきた自分はもうすでにたくさんの恵みをもらって生きている。だから、自分以外の人や世界とたくさんのものを分かち合いたいという心のあり方と、自分は何ももってないから誰かからもらってどんどん増やしていかなければいけないという心のあり方は、子どもの無意識の心のあり方に影響します。ですから、最初は小さな数からはじまり、だんだん数が大きくなるような計算の仕方はしないのです。

6＋2＋3＋1＝?

一つ目は分けていく分析的な計算で、二つ目は足していく合成的な計算です。授業のなかでは、つねにこの二つの計算の方法が基本になります。この一つ目の計算の方法についてこれまであまり注目されなか

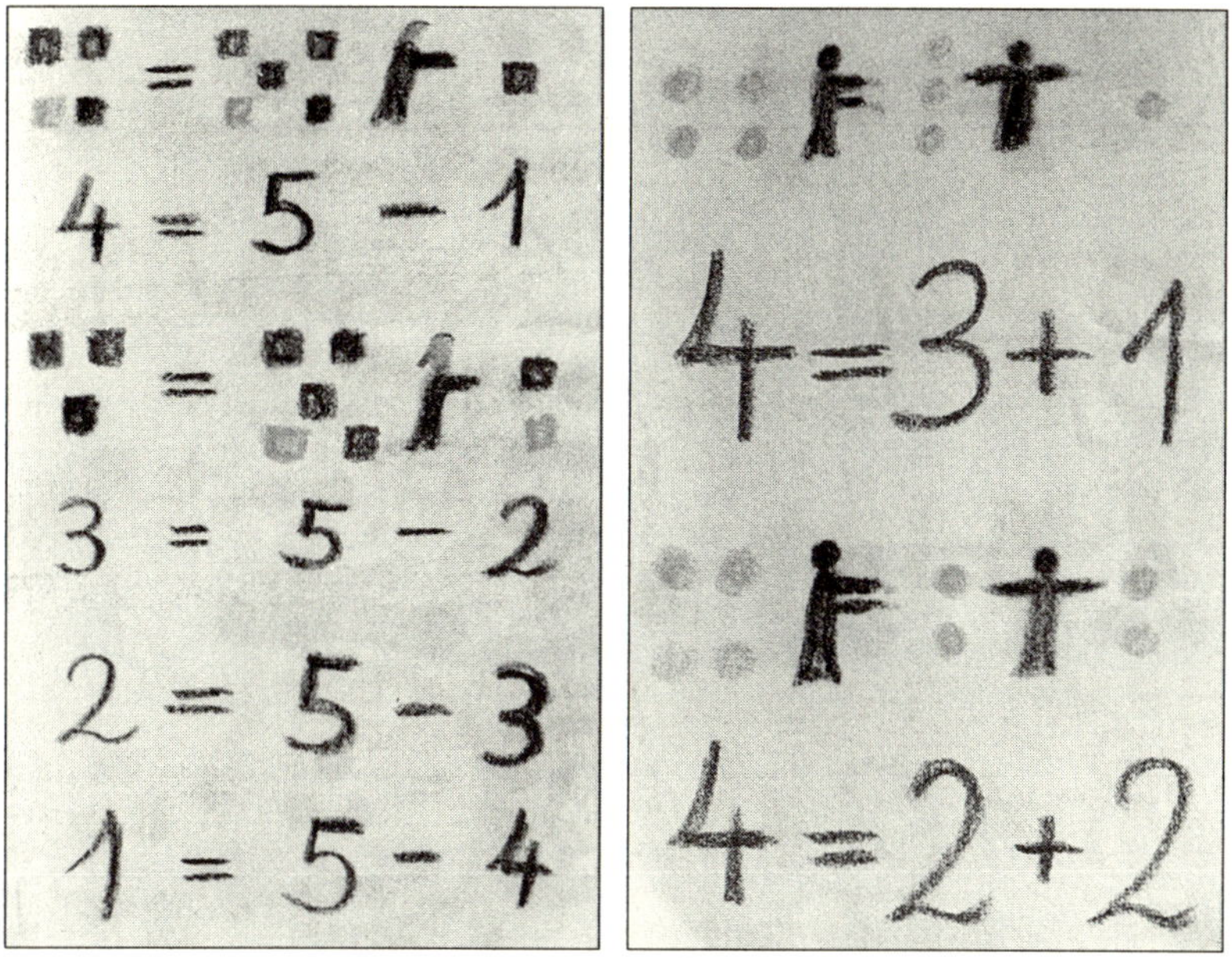

図1　分析的計算

ったので、いくつかの重要なポイントを見ていきましょう。

エルンスト・シューベルト氏は次のように述べています。

「分析的なものと合成的なものは、この世界における臓器的なものと技術的なものの生成の過程で見い出すことができます。車などの工業製品が作られる場合は、いくつもの下請け工場に分かれて生産された部品が、さまざまな工程で組み合わされ、統合されます。これは、合成的といえます。一方、からだの中の臓器は、まったく違った生成の過程をたどります。分析的生成と臓器的生成に共通する特徴は、肺と肝臓が関連しあうように、からだのどの部分も全体と関わりがあることです。たとえば、私たちがある臓器の一部を理解するためには、全体の臓器の関係を知らねばなりません。腎臓、肝臓、脾《ひ》臓《ぞう》といったそれぞれの臓器を理解するには、全体の臓器の理解が欠かせないのです。私たちは一人ひとりの人間です。目があり、耳があり、たくさんの臓器があり、数えきれない髪があります。だからといって、人間を表現するときに、目が二つ、耳が二つ、足が二本、手が二本、臓器はいくつ、髪は何本という具合に、現代科学で個々の部品を見るような見方はしません。私たちは、どんな人間でも、「人間」という全体像でとらえます。子どもが、この全体的なイメージを持ち、すべてがつながりあい、一つであることを知ることが何よりも大切です。そして、私たちがある「全体」的なものとして、全体から部分へ思考を進め、発展させていくことがとても大切なのです[12]」。

私たちが生き物について学ぶ上で、以上のように考えることは非常に重要です。たとえ花一輪でも、めしべやおしべ、茎、葉が、機械の部品のようにつながっているものとしてとらえるのではなく、全体としての花を取り上げるのです。シューベルト氏はその大切さを次のように表現しています。「対照的な思考である分析的な思考と合成的な思考をつなげてはいけません。なぜならばそれぞれにふさわしい使い道があるからです。アントロポゾフィー的な教育では、算数の授業を通して、まず分析的な思考（全体から個々へ）を身につけてから、その対極にある合成的な思考を身につけるよう試みています[13]」。この合成的思考とは、まったくばらばらの部品が合成され、つながっていく考え方です。

シュタイナーは、最初のシュタイナー学校の先生に向かって、足し算の教え方について次のように注意しました。それは、分析的な計算が「分ける」ことと関係していることです。どういう意味かというと、それは自分の持っているものの中から他者に何かを渡すことであり、そして無意識的に利他主義の姿勢を持っているということです。すなわち、たとえ利他主義でなくても、他人に何かやろうという姿勢を無意識的にもっているということです。反対に、合成的な足し算は増えていくことを練習するもので、それによって、子どものなかのエゴ的なものをより活発にさせていきます。代表的なこの例から、たくさんのことがはっきりしてくるでしょう。シュタイナー教育においては、この微妙なニュアンスをとても重視しています。そのことが、子どもの魂の生活において、とても強い、大きな作用をもたらしているのです。

もちろん子どもたちは、さまざまな足し算の仕方を教わり、規則的に練習します。引き算、掛け算、割り算についてもまったく同じです。[14]

指導する上での興味深い点について、どういうふうに子どもと分析的な足し算をするか、次の例を見ていきましょう。たとえば、机の上に十二個の松ぼっくりを用意します。これを分けるとしたら、どんな分け方ができるか考えてみるのです。そして、一人に一個ずつなら、十二人に分けることができます。このような問題の出し方そのものは、よりあとの算数のエポックで子どもが二桁や三桁の数の計算ができるようになってからも、同じように二桁や三桁の数を使って行なわれます。たとえば、次のような式を使って計算してみます（12＝？＋？＋？）。この課題では、それぞれの子どもたちが、自分の好きな数を使って計算していいのです。まだ足し算がうまくできない子どもは、たとえば次のように書くでしょう（12＝11＋1、12＝10＋2）。算数の得意な子どもは、次のように計算するでしょう（12＝4＋5＋6－3）。

子どもたちは、さまざまな計算の仕方を考えつきます。先生は、すべての課題を計算機を使わないで暗算します。それとは対象的に、合成的な方法で計算し、計算の答えを子どもに言わせて、それがあっているかどうかまわりと比較することもできます。しかし、クラスの中の計算が大好きな子どもにとっては、こういった課題は簡単すぎるでしょう。そんな子どもに対しては、担任の先生は難しい課題も用意しなければいけません。

私の忘れられない体験を一つ紹介しましょう。私が、はじめて二年生を担任したときのことです。子どもたちに、さきほど紹介したような十二を四つの異なった計算式で計算する宿題を出しました。すると、ある生徒が、十個の引き算の式を考え、自分一人で計算したのです。それは、次のような特別な計算式でした。

12＝1000－167－243－355－86－……。

控えめなその男の子は、次のように話してくれました。彼はとても長い時間、机に向かってそれらの式を計算し、お母さんのところに持っていって検算してもらい、計算が合っていることを確認してもらいました。とてもていねいに書かれた彼のノートを見て、子どもがどのような努力をし、成果を上げたのか追体験するために、私はすべての課題を頭のなかで計算することにしました（それはとても大変なことでした）。もしも、彼が私が喜ぶようなことをしたいと思ってしたのなら、先生である私も自分で努力をして計算することによって、子どもの努力に報いることができます。この男の子は、このような計算式を使って、何日か宿題をやりとげました。

もし彼のように優秀で才能のある生徒が、次のようなやり方で毎日計算しなければならなかったとしたらどうなるでしょう（たとえば、17－4＝?）。ところが、彼は自分が数学が得意だということを他の子どもに気づかせませんでした。なぜなら、簡単な課題しかとけない子どもがいることを当然だと思っていたからです。そして、決していばったりせず、いつも他の子どもたちと一緒に計算の練習をしていました。

まとめ

一年生の最初の三つのエポック授業である「フォルメン線画」「文字」「計算」の授業は、さまざまな領域の学びを始める上で、とても大切な基礎になります。この三つの授業の流れとしては、計算のエポックが終わると、ふたたびフォルメンへ戻ります。つまり、フォルメン・文字・計算を、くりかえし学ぶのです。一年生の一年間を通して、子どもたちは基礎的な課題と簡単な応用を学びます。大文字のアルファベットの活字体を学び、最初の言葉を書き、基本的な数の使い方を習得し、四つの計算の方法、二十までの数の数え方についての基本的な知識を学びます。

担任の先生にとっては、喜び、感動する気持ちを忘れず、子どものなかに火花が飛び散るような授業を展開することがとても重要です。そのためには毎日の授業準備のなかで、授業の内容や流れをていねいに練り上げ、生き生きとした授業をするためのいろいろなイメージを考え、本当にそれがふさわしいか自分自身で深く味わってみるのです。それと取り組むうちに、かならず授業が変わっていきます。その体験が、先生の自信と確実性を育てていきます。その力を胸に、担任の先生は生命の息吹をもった授業を展開していくのです。

担任の先生の課題

基本的な一年生の授業である「計算」「文字」「フォルメン線画」のエポック授業について、だいたいお分かりいただけたことと思います。しかし、シュタイナー学校の低学年の先生にとっては、もっと多くの課題があります。いくつかの課題を少し詳しく見ていきましょう。

全体的に見ると、一年生の最初の週や月は、担任の先生と生徒にとって、とても大事な期間にあたります。中心授業のなかの流れ、中心授業から専科の授業への流れ、一日の学校生活の流れの基本的なリズムが根づき、それが学びの大きな土台を作り上げていくように努めることが大切です。[15] 生徒のなかに、この生き生きとした授業の流れが習慣づけられたら、生徒の心は生き生きとした営みを続けていくでしょう。担任の先生は、この健康的な習慣をさらに育んでいくことが大切です。

担任の先生が絵画を教える意味

シュタイナー学校では、低学年（一～四年生）と中級学年（五～八年生）の場合、水彩画の授業は中心授業の一部として担任の先生が教えます。上級学年（九～十二年生）になると、専門の芸術の先生が担当します。低学年の生徒たちにとって、水彩画の授業を受けることにはとても大きな意味があります。子どもが色をまるで自分の友だちのように感じ、その色の特徴が言葉を理解するように分かるようになることが、子どもの想像力を豊かに育み、創造性を活発にするのです。[16]

どんなによい学歴をもっているからといって、どの先生もがすばらしい水彩画を描けるわけではありません。けれど、先生がつねに学びたいという意志をもつことが、子どもを教育する上で重要なのです。それは先生が美しく絵を描けることより、ずっと大きな意味があります。では、一年生にとって、水彩画の授業の何が大切なのでしょう。

一週間に一回、子どもたちは色彩の世界に入っていきます。そこで、色彩の本質や、どのように色彩と取り組むのか、知っていくのです。担任の先生にとって重要な課題は、子どもたちが、色彩の本質をイメージを通して理解できるよう、「悲しそうな青くんと、いつも明るい黄色ちゃんが野原で遊んでいたら、とても力強い赤くんがやってきた」といったような、色を登場人物にみたてたお話をつくることです。色と色が影響しあってさまざまな色彩が生まれるようなお話は創造的であり、豊かな想像力を持った生き生きしたお話といえます。子どもたちは一つひとつの色彩を、決して変えることのできない一人ひとりの個性をもった存在として（青くんと赤くんはまったく違う存在といったように）受け入れていきます。つまり、それぞれの色の本質（黄色は明るく、赤は活動的など）は、主観的な色の見方を通してではなく、客観的な色の見方によってとらえることができるのです。色の客観性については、ゲーテの色彩学で詳しく証明されています。ここで大切なのは、担任の先生が実際に自分が深めた色の体験にもとづいて色の話を作り上げ、子どもに語り、子どもが紙の上にそれを描くことです。先生が、自分でも積極的に色彩と取り組むことによって、自分のなかに創造的な力が湧き上がり、水彩画の授業は生き生きとしてきます。ぬれた紙の上に、薄めた基本色（赤、青、黄）を使って、筆の持ち方にも気を配り、ていねいに色をえがいていきます。先生が色彩に親しむにつれ、先生の色彩感覚が磨かれ、水彩画の授業の細かい部分にまで目が届くようになり、子どもをより芸術的な創造性へと導くことができるようになります。同様に、担任の先生は、四角いブロックタイプのクレヨンの使い方や棒状のクレヨンの使い方についても、一年生のときに子どもたちと取り組むことによって、正しいクレヨンの取り扱い方を教えるのです。

入学式の数日後、担任の先生は最初の絵をクレヨンで描きます。子どもが自分で絵を描く前に、担任の先生が黒板の上に大きく見本の絵を描いて、絵ができあがっていく様子を子どもたちに観察させます。先生はあらかじめ家で実際にその絵を紙に描き、練習しているのです。そのため、その絵を描く上でどんな部分がむずかしいか自分でよく分かっているので、分かりやすくていねいに子どもに教えることができるのです。

担任の先生は、はじめのうちこそ黒板に絵を描くことに慣れませんが、次第にうまくなっていきます。子どもたちの前で先生が絵を描いて見せると、できあがった子どもたちの絵が先生の絵によく似ることもあるでしょう。なぜなら、多くの子どもが先生の絵をまねるからです。しかし、ある時期が過ぎれば、先生が黒板に向かって絵を描いている間に、子どもたちは自分で描いてもいいことに気づきます。先生の絵からアイデアをもらう子どももいれば、敢然と自分が描きたいように描く子どももいるでしょう。

子どもたちは、ふつう、先生が黒板に描いた絵をすばらしい、美しいと感じます。美しく、間違いのない絵を描くため、前日の夜に教室の黒板に絵を描く先生もいます。翌日の朝、先生が黒板を開けば、子どもたちは「わっ」と驚くでしょう。しかし、子どもにとって、その絵を描き写すのはとても難しいのです。なぜなら、絵ができあがっていく過程を一緒に体験していないからです。芸術的な絵を魔法のように黒板に描ける先生の生徒たちよりも、黒板に向かって絵を描くために一生懸命がんばっている先生の姿を見ている子どもたちのほうが、絵をうまく美しく描ける場合がしばしばあります。くりかえします。先生自身が努力して、新しい能力を得ていくことこそ、教育的な効果が高いのです。しかし、だからといって、かならず子どもの前で絵を描かなければならない、というわけではありません。時には、黒板を開けた瞬間、子どもたちがそこに描かれた絵を見て驚くことも必要です。

「すべてのものに命が宿る話」―大地とつながるために

シュタイナーは、担任の先生がイメージをもったお話を通して、一年生の子どもたちを自分が生まれ育った「郷土」に親しませる大切さを説いています。ただし、これは最初の地理の授業を指しているのではありません。最初の地理の授業は、四年生から、本格的な郷土史や地理の授業が始まります。さて、一年生に「すべてのものに命が宿る話」をすることによって、子ども自身と、動物、木々、花々、植物、石、星、雲、風、人間といった世界に存在するあらゆるものを関連づけることができます。

年齢的に、一年生の子どもは、心のなかと外の世界とがつながっています。担任の先生は、ある花を訪れた蝶が花と話したり、木が苔と話したりするように、すべてのものがたがいに話すことができるようなお話をします。たとえば、木が苔に「守ってあげるよ」と言っています。そしてそのお礼に、苔は木にとって必要な水分を保ってくれているのです。小鳥はやぶと話しをしています。そのやぶのなかに、小鳥が巣を作っていいと聞いたからです。このようなお話を聞くことによって、子どもの感受性はとても豊かになり、身の回りにあるすべての美しいものが子どもに語りかけるようになります。子どもの感覚はどんどん繊細になり、世界とつながっていくのです。こうした体験を通して、子どもはこの地上を自分の故郷と感じるようになります。すると、次のようなことが起きるのです。お話をはじめると、いつもは落ちつかない子どもたちも耳を澄まし、静かになることによって、授業の取り組みそのものによい影響をもたらします。

子どもにメルヘンを聞かせたい場合には、たくさんの童話集を見つけることができるでしょう。しかし「すべてのものに命が宿る話」を子どもにする場合は、先生が自分でその世界を新しく体験し、世界の本質を感じることによって、物語を創造することが大切です。そのことによって、この世界のさまざまな存在が、互いに意味のある会話を交わすような物語を作ることができます。クラス担任の先生の課題は、世界のあらゆる存在に対して興味を持つことです。ゲーテのいう「本当のファンタジー」とは、ただ空想しただけの無意味なファンタジーではありません。それは子どもに害があります。たとえば、木がいきなり空を飛び回り、月にまで飛んでいってしまうようなお話は自然の理にかなっていませんから、子どもと大地をつなぐことはできません。苔と木の物語の場合、実際に木は苔を嵐から守り、苔はつねに木に必要な水分を保っていますから、それを用いたファンタジーは子どもを本当の意味で自然や大地と結びつける効果があるのです。このように、深い源泉から湧き出るような想像力がもたらすお話を作れるよう、先生は練習を重ねます。自分でお話を作るのが苦手な人のためには、豊かな経験をもつシュタイナー学校の先生が書いた「すべてのものに命が宿る話」がたくさんありますので、それをそのまま子どもに話すこともできますし、自分で考えるための参考にもできるでしょう。

「道徳的な話」――すべての子どもに役立つ練習

担任の先生にとって、次のようなお話は、クラス全員に対してだけでなく、特別な子どもを手助けする教育的な手段として、さまざまな役に立ちます。

入学してからの最初の何カ月かを子どもたちと過ごしたなかで気づくのは、本当のことを言えず、つい「うそ」をついてしまう子どもがいることです。彼らは、すばやく、小さな「うそ」をつくのです。今や、うそをつくのは当たり前になりました。政治家まであからさまなうそをつきます。うそをつくことが、まったく恥ずかしくないのです。けれども、子どもの発達にとって、うそをつくことと取り組むことは、重大な意味があるのです。「教育者は、不誠実なものをそのままにしておかない」というシュタイナーの言葉の通り、意識的に不誠実さと取り組むことにより、担任の先生は真実を愛する人間でいよう、そういう人間になろうと意識します。子どもたちは、先生の道徳的な本質を敏感に感じ取り、信頼できる言葉をもつ人として認識します。子どもたちは、自分のなかに本当の真実を築きあげていきたいと思っているのです。では、子どものために、とても居心地の悪いうそをついたために、次第にがんじがらめになっていく人物が登場するお話を探してみましょう。

それは、一つひとつうそが明らかになるにつれ、その人物が気まずくなり、恥ずかしくなっていくようなお話です。お話は、子どもが登場人物に感情移入し、その恥ずかしい思いを心の中で追体験できるよう、子どもがよく理解できる内容でなければなりません。

そのようなお話をする場合、一人ずつの子どもより、クラス全体に話すほうがより効果的です。たとえば、「ある生徒の筆箱がなくなった」「ある動物がいじめられた」「ある生徒がいつも仲間外れにされる」といった問題がクラスの中で生じたとき、道徳的なお話をする必要があります。こういう場合、「生き物を大切にしましょう」「みんなは一人のために、一人はみんなのために」といったありきたりの言葉は、子どもには通じません。子どもは、お話の登場人物に共感することによって、自分で自分を教育していこうとしはじめます。そんなときとても大切なのは、先生がそういった問題に対して本気でいけないと思う強い感情をもつことです。その気持ちが子どもに伝わり、子どものなかに同じような感情を目覚めさせることになるのです。

遊びの体育

低学年（一、二年）では、遊びの要素の強い体育の専科はふつう担任の先生が受け持ちます。その授業を通して、自分のクラスの生徒がどのように動くか、実際に体験することができます。同時に先生は、いろいろな遊びや歌を歌いながら遊ぶ練習をすることよって、のちの祝祭や誕生日、遠足のとき、子どもたちといっしょに楽しむことができる、クラスの大切な「レパートリー」をふやすことができます。子どもたちは無意識のうちに担任の先生が自分たちといっしょに楽しむことが好きなことを感じとり、先生の権威を意識し、尊敬し、好きになります（一〇五頁を参照）。この授業は、先生にとっても、子どもと親しくなる機会になります。クラスという共同体にとって、お互いを思いやり、感じあい、助けあうことが必要なのです。

季節の祭壇

季節ごとの祝祭で祝われる四季の移り変わりには大きな意味があり、シュタイナー学校の低学年ではそれをとても大事にしています。多くの学校では、教室全体、または一部の机を季節の祭壇として飾るのは担任の先生の仕事です。しかし、クラスによっては、私のクラスでもそうでしたが、祭壇を飾るのがとても上手な親たちが、自主的にとても美しい祭壇をつくってくれました。これも、先生と親との具体的な共同作業の機会になります。学校のなかで非常に多くの仕事がある担任の先生にとって、親の協力はありがたいものです。

季節ごとのいろいろな祝祭が近づく前に、先生は、それにふさわしい歌や詩を、子どもたちと歌ったり、話したりします。そして、子どもたちといっしょに、祝祭に向けて心の準備をするのです。祝祭が近づく朝、子どもたちと一緒に小さなお祝いをし、祝祭の訪れをクラスみんなで心待ちにします。その小さなお祝いでも、先生は祝祭と関係する意味の深いお話をかならずするのです。

クリスマスにそなえて

クリスマスが近づく時期、子どもといっしょに、親たちのためにクリスマスの準備をすることはとても大切です。しかし、そのために中心授業の時間を使いすぎてはいけません。また、親に気づかれないよう、子どもたちが作業をすることも大切です。一年生のときには、子どもたちにはキリストの誕生と羊飼いたちの物語を、先生たちが舞台の上でクリスマスの劇として演じてみせます［この劇は、「オーバールーファーのクリスマスの劇」と呼ばれています。オーバールーファーは、オーストリアとハンガリーの国境にある村で、ここでは十六世紀から、村人総出の「キリスト誕生の劇」「東方の三博士の劇」などのクリスマスの劇が演じられてきました。これらの劇を研究したウィーン大学の教授であるカール・ユリウス・シュリョーアーを通じてこの劇を知ったシュタイナーは、「この劇には、素朴で心温まる人間本来の信仰の力が生きている」ことを感じ、この劇を広く紹介しました。現在でも、多くのシュタイナー学校で、この劇が演じられています」。子どもたちに、親たちに贈るため、生まれたばかりのキリストが眠る小さな飼い葉桶や、その側にいるマリアやヨーゼフの人形を、色のついた蜜蠟でつくらせる先生もいます。こういった取り組みは、クリスマスが近づくにつれ、非常に重要な教育的な取り組みになります。

二年生になると、子どもたちは、クリスマスの物語を特別なノートに絵と文章（きれいな色のアルファベットの大文字、小文字の大きな活字体）で好んで表現します。三年生になると、東方の三博士たちの物語が同じノートに書き加えられます。しかし、その文章は昔の「ドイツ文字」で書かれています。同じ時期に子どもたちがエポック授業のなかで習っている字を実際に使ってみるのです。もちろん四年生以降でもこの機会にいろいろなテーマを見つけ、授業で取り組んだ内容を練習し、深めていくことができるのです。

では、なぜクリスマスの準備なのでしょうか。親たちに贈るプレゼントについて子どもと話し合うことによって、他の人と喜びを分かち合うことを早い段階から子どもたちに意識させ、最終的にはちょうどいい時期にプレゼントを完成させなければいけません。子どもたちは、クリスマスの準備を通して、担任の先生が親たちをつねに意識し、大切に思い、尊敬し、喜ばせたいと思っていることを感じ、自分たちも親たちのために、がんばって美しいプレゼントをつくろうと思うようになります。そして担任の先生は、親たちに対する心からの尊敬と、感謝の気持ちを深めていくことができるのです。

一年生の終わりに

親のための「文章の通信簿」・子どものための「通信簿の言葉」

子どもたちが最後のエポックを体験する間、担任の先生はとても興味深く、とても時間がかかる仕事をしています。通信簿です。通信簿は、親や子どもだけにとって意味があるのでしょうか。それとも、先生にとってもとても意味があるのでしょうか。通信簿を書く場合、担任の先生は、一人ひとりの子どもについて体験したすべてのことを振り返ります。そして自分のなかでイメージを作り上げ、通信簿という特徴的なかたちで表現するのです。そこで大切なのは、いろいろな状態にある一人ひとりの子どもが、それぞれのエポック授業でどうふるまったか、どう努力したか、進歩したか、どのように自分のエポックノートをつくりあげたかを思い出すことです。

通信簿を書くためには、心から子どもの本質を知ろうとする努力が必要です。同時に、とても大きな責任感が湧いてきます。子どもを表現する言葉がはっきりとまとまるまで、担任の先生はその努力を続けるのです。

文章の通信簿は親たちのために書かれます。また、子どもたちには通信簿の言葉が渡されます。この「通信簿の言葉」では、担任の先生は次の学年でのその子どもの課題を、さまざまなイメージを用いて韻を踏む詩のかたちで表現します。それは、たとえば次のような詩です。

植物たちは探す。
お日さまの輝きを。
暗い森のなかに、あたたかい光が差し込むように。
ぼくも探す。しっかり考えることができる力を。
ぼくのなかを貫いて、
育み、そして高く成長するように。

「通信簿の言葉」は、次の学年に向かってその生徒を助ける力となるのです。

ところで、すべての先生が自分のクラスの生徒全員のための通信簿の言葉をつくれるわけではありません。シュタイナー学校の通信簿の言葉の例文はすでに数多く公刊されており、子どものためにそれを引用することもできます。誰もがすぐれた詩人であるとは限りませんし、担任の先生がつくった未完成の詩を子どもに一年間ずっと同級生の前で暗唱させるよりは、すでに完成している通信簿の言葉を選び、子どもに渡したほうがいい場合もあるのです。

中級学年（六～八年生）の終わり頃になると、一クラス三十六人から三十八人の通信簿の言葉を書くことが重荷になる先生もいるでしょう。しかし、一人ひとりの生徒のために、彼らの成長にふさわしい詩や言葉を見つけようとするとき、先生はその生徒と見えない糸でしっかりと結びつきます。なぜなら、その生徒の本質と担任の先生が深くつながるからです。この行ないは、次の学年での生徒の取り組みにとって、とても大きな力を渡すものになるでしょう。目に見えない糸で結ばれた力を通して、先生はあらたな気持ちで新しい学年に向かうことができます。そして担任の先生は、最終日に自分の子どもの通信簿を読んだ親たちが、心から通信簿の内容を信頼し、わが子の問題を正面から受け止め、これからを見通し、満足してくれることを願っています。

親たちと迎える一年生の終わり

一年生の最初に、先生は親たちに一年の計画を話しました。同様に、一年生の終わりである学年末に、子どもたちと取り組んだ内容や特別な出来事を、親たちといっしょに見直すことがとても大切です。担任の先生は、授業やクラスの行事に親にたくさん参加してもらったか、本当に親といっしょに取り組むことができたか問うことでしょう。その父母会で、子どもたちはどんな努力をしたか、何ができるようになったか、先生はこの一年間の出来事を本当に生き生きと親に語ります。ここで大切なのは、すでに解決した難しい問題があったことや、まだ未解決の問題があることを正直に打ち明けることです。それによって、親は担任の先生を信用し、深い信頼関係が生まれます。

夜に開かれる父母会で、シュタイナー学校の通信簿の意味や通信簿が一人ひとりの子どもに手渡されること、その理解の仕方、わが子と通信簿の内容についてどのように話すかといったことについて、先生は親たちに話をします。ここでは、一人ひとりの子どもがもらう通信簿の言葉について、来年の一年間、それぞれの子どもがその内容とどのように取り組むかを紹介することがとても大切です。一年生の父母会の終わりに、二年生のことに少しふれておく必要があります。次の学年がはじまってすぐに父母会を開けるかどうかこの時点では分からないので、たとえば最初のエポックの内容などを話すことはとても重要です。

このような父母会でとてもよいことは、いままで取り組んださまざまなエポックノートや記録を紹介したり、子どもたちの作品を見せたりすることによって、親たちのなかに、わが子以外のクラスの子どもに対しても深い理解が生まれることです。少なくとも低学年の場合、学年末の父母会のときの展示をすることがどれほど大切か、はっきりと分かるようになります。

一年生最後の日

最後の週、担任の先生は、子どもたちといっしょにこの一年の実りについて話します。秋の収穫をするように今まで取り組んだエポック授業をふりかえり、その内容を上手にまとめ、エポックノートをクラスのみんなでふたたび見直すのです。そして子どもたちに、次の学年に向かう簡単な予定を話しておくといいでしょう。それは一年生だけでなく、どの学年でも同じように行なうとよいでしょう。

そして最終日は、担任の先生が、生徒に「一年生のみなさん」と呼びかける最後の日になります。先生は、慎重に考慮した方法で通信簿を子どもたちに渡します。そしてほがらかに「さようなら。親愛なる二年生のみなさん」とあいさつしたあと、教室の扉のそばで一人ひとりの子どもと握手をし、お別れをすることによって、子どもたちははじめての長い夏休みに入っていくのです。

第5章　親と先生の取り組み──問題が起きたらどうするか

親の協力を得るために

シュタイナー学校では、一年生から八年生まで、まったくクラス替えはありません。子どもたちは長いあいだずっと同じクラスで生活し、親たちもずっとつきあうことになります。そのため、親と先生が理解しあい、たがいに取り組み、影響しあっていくことが大切になります。最初からお互いが理解しあい、最終的には親、先生、子どもがとてもよいクラスの共同体を作ることによって、数多くの共同の仕事が実現するのです。では、どうすればそのような関係をつくっていくことができるのでしょうか。

私の経験では、八年間という長い年月の授業を通して、できるだけ親を学校生活に関係づけることによって、親と子どもとのあいだに本当に調和のとれた関係を作り上げていくことができました。このような実り多い共同の取り組みとしては、たとえば親たちをできるかぎり遠足や移動教室に招待し、連れていくことができます。また、それを土曜日に行なうことによって、働いている親もクラスや担任の先生のことをもっとよく知る機会をもつことができます。そして、わが子とほかの子どもとの関係を体験することが

図2　バザーの準備をする親たち

できます。また担任の先生は、この機会に参加してくれた親たちに対して、これらのことをすべて計画してくれたことを心から感謝することが大切です。

　子どもたちが、中心授業や外国語の授業、オイリュトミーの授業で取り組んだことを、学習発表会で発表することもできます。ただし、発表会の後のパーティーは、親たちが企画することが大切です。親たちのための学習発表会は、先生、親、子どもにとって、とても大切な発表会です。この発表会は、おたがいをより深く知っていくためのとてもすばらしい機会です。親たちは、発表会でわが子がどのように舞台に立つか、朗誦するときはどうか、共同の作業のときはどのようにほかの子どもと取り組むか、どんな成果を上げるかを直接体験し、わが家ではおとなしい子どもがクラスではまったく違っていたりして、いままで知らなかったわが子の一面を体験することがよくあります。そして、担任の先生がわが子について今まで何を言ってきたか、とくに家庭訪問のときに担任の先生が理解できないようなことを言った理由が、そこで子どもを見てはじめて分かるのです。

先生のなかには、親たちと手芸をする日をもうけ、たとえば十一月の聖マルティン祭［キリスト教の聖人の一人であるマルティヌスが、寒い日に凍えていた人に自分のマントを裂いて与えた伝説に由来し、「人々をあたためてくれる聖人」を祝って、子どもたちが暗くなった町中をランプを手に行列する祭］で子どもたちが使うランプを作ったり、クリスマスのバザー［訳注2］に出品する色々な品物を作ったりする先生もいます。また、親たちを定期的な読書会に招待し、人間学的な基盤にもとづいたシュタイナー教育について、読書を通して親たちと取り組む先生もいます。

ハンブルクのベルクシュテットのシュタイナー学校の三年生の親たちは、シュタイナーの治療教育のためのクリストフォロスという養護学校の三年生の親たちと毎年いっしょに企画し、担任の先生と大きな夏祭を催します。そのような共同作業のときにお互いに助けあうことによって、信頼関係が深まっていくのです。たとえば親と教師が共同で学校の増改築に取り組むことによってお互いに親しくなり、仲間としてのきずなができ、お互いがお互いを信頼し、尊敬しあう関係が生まれます。

親たちは、こういった共同の仕事のときにわが子の担任の先生と会って、いろいろな話しあいができるよい機会を持てることをとても喜びます。ここ数年、親と教師のあいだにパートナー的な関係をつくることがシュタイナー学校の大切な課題として重視されるようになりました。親たちはまったく同じ立場に立つパートナーとして、先生とオープンに取り組むことを強く望むようになりました。親たちは、そんな場でも、授業に使う教材のアイデアを考えてくれたり、おもしろいきっかけを作ってくれたりするのです。

担任の先生は、子どもからたくさんのことをつねに学ぶように、親の人生や仕事の経験からもいろいろなことを学ぶことができます。たくさんの親たちに何かを教えてもらう場合、先生の権威が失われてしまうと考える人もいるかもしれませんが、先生が親からも学ぼうとすることによって、お互いに尊敬しあう関係ができていきます。親と教師のよい関係を作っていくためには、対等で、パートナー的な姿勢が欠かせません。親と先生の関係が悪くなるのは、先生が親に対してもまるで生徒をあつかうように対応するときです。親のなかには、それに嫌悪感を感じる親もいれば、先生の「自分のほうがずっと偉いし、よく知っている」という態度を問題視する親もいるでしょう。先生が親を深いところで尊敬すれば（親のいいなりになるということではありません）、親との関係はよりよいものになっていきます。

クラスの劇――共同体をつくる絶好の機会

先生と親と生徒が力を合わせてクラスの劇をつくっていくことは、一年生にとってとても重要なできごとです。それぞれの学年にふさわしい、さまざまな劇があります。担任の先生は最初にどの劇を演じるかを決め、一年生の場合はまず内容を話し、特徴的な部分をうまく表現し、最後に台本を少しずつ暗記して子どもの前で聞かせます。その際、先生は、台本にふさわしいしぐさや動きの見本を見せるのです。驚くべきことに、一年生の子どもはそのような動きや言葉をすばやく覚えます。子どものなかには、まったく知らなかった台本を耳で聞いただけで覚え、話す子どももいます。最初は声をあわせて朗誦し、その後、人物が登場する場合は、一つひとつの役を演じさせます。物語のナレーションはみんなで朗誦し、役を演じる子どもは彼の役のセリフを言い、動きます。

劇の取り組みを通して、集中して聞くこと、お互いを感じ合うこと、理解すること、思いやりを持つこと、寛大になることがよく育まれ、クラスのよい共同体をつくっていく絶好の機会になります。母親たちは劇の衣装を縫ってくれ、八年生の大きな劇では父親が舞台装置をつくります。そこでも先生と親とのよい関係が生まれるのです。

学習発表会の日については、かなり前からすべての親が学校に来られる日を決めておくといいでしょう。何度も練習し、すべて暗記したのですから、劇はすべての親に見てもらいたいからです。この日は、すべての子どもが、親に「自分の役」を見せることができます。仕事が本当に忙しくてどうしても発表会に来ることができない親がいる場合、理由が分かっていても担任としてはとても心が痛むものです。

シュタイナー学校のクラスの人数

現在は、多くのクラスに授業の邪魔をする子どもや集中できない子どもがいますが、シュタイナー学校にもそういう子どもたちが在籍しています。担任の先生は、そういう問題が起きたときにどのように解決するか、いつも考えています。シュタイナー学校のほうが公立学校よりも一クラスの生徒数が多い［シュタイナー学校では一クラス三十六〜三十八人、ドイツの公立学校は二十五人制］ので、より多くの問題が生じる場合があります。

最初に大切なのは、クラスの生徒数をはっきりすることです。担任の先生は、中心授業や練習時間において、クラス全員といっしょに取り組みます。そのほか、外国語の授業では、二人の先生がクラス全員を外国語で指導します［一人は英語、もう一人はフランス語かロシア語の先生です］。もちろん学校によって、どの専科を二つのグループに分けるか違いますが、ハンブルクの学校の場合、たとえば五年生と六年生からの専科では、子どもは二つから三つのグループに分けられます。つまり専科では、少人数のクラスの授業をすることになります。

クラス全体の授業をする上で、担任の先生にとって方法論的に役に立つのは、人間の気質［憂鬱質、粘液質、多血質、胆汁質という四つの気質］を知ることです（二二二頁参照）。気質学は、シュタイナー教育の本質的な要素です。一人ひとりの子どもの気質を知り、それらの気質にふさわしい授業をつくることによって（中心授業では、かならずすべての気質が出てくる授業づくりをします）、子どもの可能性をより引き出せるよう考慮します。

担任の先生は、授業の仕方やその内容によって、一人ひとりの子どもが必要とするものに応えることができます。子どもの能力は、生き生きとした授業のなかで豊かに育まれていきます。なお、これらの授業の内容は、学年が上がるほど広がっていくのです。シュタイナー学校の一クラスの生徒数が多いことの長所と短所についての詳しい説明はここでは省きます。いろいろな問題を抱えた子どもたちがふえ、一クラス三十六～三十八人も生徒がいたら、先生がそういった問題に対処しきれないことから、何年にもわたってくりかえし議論した上で、クラスの人数を減らしたシュタイナー学校もあります。

シュタイナー学校のクラスの生徒数に対する問いについて、個性的な学びの観点に対しては、クリストフ・リンデンベルク氏が、個人的な小さなグループで取り組むことが大切なのではなく、クラス全体に対して授業することの大切さを次のように表現しています。

「とくに低学年の子どもの場合、先生が一人ひとりの世話をすることがそれぞれの子どもをサポートする準備として欠かせませんが、最終的に、先生が一人ひとりの子どもに対してマンツーマンで対応するのではなく、クラス全体に向かって授業するほうが、すべての子どもが本質的に学ぶことができるのです。授業の目的は、人間が生きていく上で、どの国においても絶対に必要なもの（文字を書き、計算できること）を子どもに伝えていくことにあります。そのような授業は、つねにクラス全体に対して行なわれます。それぞれの子どもに対して、つねにその子ども独自の課題を準備して与えるような授業は成り立ちません。どの子どもも自分から学ぶということを前提としたら、それぞれの子どもに対してつねに個別の授業をしたり、世話をすることには意味がないし、一人ひとりの能力別にクラスを分ける必要もなくなります。個性的な子どもを特別扱いするのではなく、授業をするなかから、彼が欲しいものや理解するものを自分で取り出せるようにすることが必要です。二十五人から三十四人のクラスの子どもたちの前に立つとき、先生は授業のなかでそれぞれの子どもが個別に進歩していくことを念頭に置かなくてはいけません。そのため、先生が授業をつくる上で、すべての子どもに学ぶ可能性を与えることができる大きな視座が必要になるのです。同じことが学校全体にも言えます。学校はたくさんの学ぶ機会を子どもたちに与えなければいけません。なぜなら、さまざまな子どもが一人ひとりまったく違った可能性をもっているからです。そうすることによって、それぞれの子どもが学ぶチャンスをもらうことができるのです[17]」。

生徒との間で最初の問題が起きたとき

入学式がはじまってすぐ、どのクラスにも先生の話に集中できない子ども、長いあいだ教室のなかで静かにしていられない子ども、積極的に共同の取り組みに参加しない子どもがいることに気づくでしょう。ここではごく一般的な例を取り上げますが、「子どもの問題」は他にも数多くあります。担任の先生にとって、子どもの包括的なイメージを早いうちにつくりあげることがとても重要です。そのためには、家庭訪問をして親たちと話し合うことが役だちます。そして、その子どもの幼児時代のいろいろな話を詳しく聞き、子どもがもっていた問題を教えてもらうことによって、子どもとその家族を知ることができます。心を開いて語ってくれる親のすべての言葉は、担任の先生にとってありがたいものです。その子どもが前世からこの地上に持ってきた運命にとりくみ、子どもを深く知ることを通して、それにふさわしい教育的な配慮をすることができるからです。

できるだけ早く家庭訪問の機会をもうけることは、親と先生が共同で子どもを理解していくためにとても意味のあることです。先生は、親たちもすでに気づいている息子や娘の特別なふるまいは、授業中には出てこないのではないかと親が期待していることがよく分かるでしょう。親はとても早い段階で、先生との話し合いのなかでそのことを切り出され、ショックを受けます。担任の先生にとって、親たちのほうから先生が家庭訪問してくれるよう頼まれることほど都合のいいことはありません。もしも、子どもの本質にふれ、子どもにもっと近づき、今までより子どものことを理解することができるようなよい話し合いができたら、本当に幸せな気持ちで、その夜、または昼、親と別れ、先生は家に帰ることができるでしょう。それらの話し合いのなかで出たよい案や、子どものために考えたことなどを、子どもはまったく無意識に体験し、かならずその子どもは変化していきます。こういった変化はよくあることなのですが、その子どもが自分の担任の先生に次の日にもっと信頼感を持って出会い、そして担任の先生がその子の「問題」に対してより深い理解力をもってくれることに対して、子どもは無意識のうちにそれを感じています。

先生と親が、話し合いを通してお互いに自己教育するなかで子どもと取り組んでいこうと決めるか、校医や学校のセラピスト、治療オイリュトミーの先生といっしょに取り組むことを約束をしました。そして次の日に、それらの人々に家庭訪問の結果を話し、ふさわしい助言や提案を求めます。そして先生は、治療オイリュトミストやセラピストと話し合ったあと、ふたたび親たちと話し、いろいろな報告をし、何が子どもにとって意味がある治療的な取り組みなのかを話し、親の了解を得ます。多くの担任の先生にとって、今後、いろいろな問題を抱える子どもが増えるほど、治療教育的な方法論をとりいれていく意味が大きくなるでしょう。

シュタイナー学校の先生にとっての課題は、すべての子どもの家庭の状況を知ることによって、子どもをより深く理解するということです。担任の先生はより全体的な子どものイメージをつくることができ、そうした話し合いによって親と教師の信頼感が深まったことに対して、心から感謝するでしょう。

親と衝突したら――親と先生の関係

さきほどの例でもはっきり分かるように、お互いが心から力を合わせて取り組むことによって、担任の先生と親との間に信頼関係が生まれることが分かります。しかしそれにもかかわらず、親たちとの間に誤解、緊張、疑問が生まれる可能性があります。こういった衝突を解決するとても効果的な手段は、お互いが話し合うことです。その問題にかかわりのあるすべての人が集まり、できれば何人かの直接かかわりのない相談役や仲介役の人もまじえ、一つひとつの問題について、正直かつていねいに話し合うことが大切です。この話し合いは、お互いがどこまでオープンに話し合えるかにかかっています。子どものためにとても大切なことは、子どもが進んでいく道の上にある障害物を取り除いてあげることです。担任の先生は、シュタイナーの言葉にしたがって精神的に深い取り組みをすることによって、自らをきたえます。そしてつねに肯定的なものの見方を心がけ、どんなにいやなつらい経験であっても勇気をもって乗り越える前向きな姿勢をもてば、自分自身の内面の成長につながる大きな可能性がもてることを心から理解する必要があります。

担任の先生が生徒といっしょに取り組むなかで、親たちが先生を受け入れ、つねに支えてくれれば、その取り組みはすばらしい実りのあるものとなっていきます。逆に、先生の方にも親の方にもそれがない場合は、信頼関係を築くことはむずかしくなり、子どもたちにとってそれらは重荷になっていくでしょう。

親たちとの問題やその原因はさまざまですが、ここでは典型的な例を紹介しました。

さて、このテーマの終わりに、このような袋小路に入り込んだ場合、どうしたら解決法が見つかるかというい ろいろな例を見ていきましょう。まず、早いうちにその問題に取り組まなければ、あとあと問題が大きくなる可能性のある不満や問題について紹介します。

親の個人的な期待に応えられないとき

個人的な期待に応えられなかった場合、親たちのなかから不満が生じるでしょう。シュタイナー学校にわが子を通わせているたくさんの親たちが、言葉にならない期待を持っています。その期待の中には、最初から満たされないような期待もあります。二つの例を見ていきましょう。

まず、両親あるいは片方の親が、わが子の担任としてすでに担任の経験のある先生を強く希望しました。ところが学校は、このクラスの担任として新任の先生を決めました。親たちは、この期待外れの状態を受け入れなければいけないのですが、それはいつも容易ではありません。

よく似た問題として、親がわが子をある先生に受け持ってもらうよう希望したり、男性、あるいは女性の先生に八年間ずっと授業をしてもらいたいと希望しても、シュタイナー学校の職員たちがこの状態を変えることはできません。親たちはできるだけ早く失望を乗り越え、新しい先生がわが子の担任であることを受け入れようとします。その気持ちの切り替えがあまりうまくいかなかったり、まったくできなかった場合はつねに不満が残り、難しい問題が起きたときに、「経験のある先生だったら、こんなことは絶対に起きなかったはずなのに」と言うでしょう。

私は、ここ数年、何度か若い先生の授業を見学しました。その経験から、こういう苦情を言う親たちに、若い先生たちは本当に新鮮なアイデアをもち、すぐれた授業を行なっており、経験のある担任の先生である私もそこで多くのことを学んだと心から伝えました。「経験のある先生」は、つねに教育的な効果がある新しく創造的なアイデアを持てるよう努力するのです。驚くべきことに、この場合、新任の先生のほうが、「経験者」よりもずっと新鮮な可能性をもっているのです。

言いにくい不満

シュタイナー教育を不満に思う親が出てくる場合もあるでしょう。では、いくつかの可能性を考えてみましょう。

たとえば、両親のどちらかがシュタイナー学校に子どもを通わせることに反対していることは、家族のなかで問題が起きる大きな原因になります。シュタイナー学校に賛成している親は、シュタイナー教育の特徴や、わが子が何をどのような方法で学校で学んでいるか、パートナーにいつも説明しなければいけません。それでもパートナーが理解できず、問題がより複雑になる場合もままあります。反対している親が、父母会に行くことを拒否することもあるのです。父母会でさまざまなよい取り組みを聞いたり、シュタイナー教育を理解するための機会を得たりすることを拒否するのです。また、賛成しているパートナーが、父母会のあと、先生の話をうれしそうに話したりすると、もう一方は決して快く受け取りません。なぜなら、同じ体験をいっしょにしたわけではないので、とても批判的になるからです。

私はさまざまな経験から、多くの場合に助けになるのは、両親がお互いを受け入れることができるよう力になることだと学びました。担任の先生としてそういった両親と話をする場合は、とても慎重に相談にのることが大切です。家庭訪問によって、凍りつくような冷えきった状況が解消できたこともありますし、お互いの信頼関係が生まれたこともあります。しかし、両親の一人が、わが子がシュタイナー学校に通うあいだずっと学校に対する批判をかたくなに持ちつづけ、その不満を克服できなかったこともありました。反対に、否定的なパートナーに対しても自分の肯定的な姿勢を崩さず、それが子どもにも伝わり、子どもがとてもいい学校生活を送ることができた家族もあります。

二つ目の問題が起きる可能性として、両親の一方がクラス担任の先生に必要以上に好意的な場合があげられます。こういった状況は、パートナーにとってはおもしろくありません。ですからさらに批判的になり、距離を置くようになるのです。このような場合、教師は好意的な親には控えめに、強く批判する親には積極的に対応することによって、批判的な親の不満を和らげることができることもあります。

また、入学した最初の月に、子どもが担任の先生の権威を認め、どんどん尊敬するようになる場合があります。それが家族のなかで、母親にとって（父親にとっても）、とても我慢できないことになるのです。何かにつけ「でも、担任の先生はこう言っていたよ」と言う子どもの場合、時間がたつほどその傾向が強くなる可能性があります。たとえば、わが子に、自分が習ったような方法でいつもうまくいった計算の仕方を教えようとするとき、子どもにふいに「でも、担任の先生は違うように計算したよ」と言われるのです。親と子どもの気質次第では、ここで言い争いになることもあるでしょう。先生と自分のどちらが詳しいか、怒って子どもを問いただす親もいるかもしれません。わが子がよく学び、自分の担任の先生を尊敬し、愛することを学ぶ年代になるということは、親としての権威を担任の先生と分けあわなければいけないことを意味しています。

四年生、五年生のとき、解けなかった分数の計算問題のことで自分の娘とけんかになり、うまく仲直りする方法を見つけた父親がいました。その父親は、夜、私のところに電話をかけてきて、自分の娘が、とてもがんこに「エラー先生はこの課題をこのように解き、このように答えた」と言い張ったと教えてくれました。この話を聞いて、私はすぐに分かりました。女の子は黒板を間違って書き写してしまっていて、お父さんが正しかったのです。それを聞いて、お父さんはとても安心しました。その女の子は、私と父親が電話で話したことを知りませんでした。その次の日、子どもたちに、みんなの親が、私たちが取り組んでいる計算の課題に興味を持って、間違った記述をしていることまで気づいてくれることが先生にとってどんなにうれしいか話しました。女の子はそこで手を挙げ、「まったく同じことが昨日起きました」と言いました。この経験から、子どもが自分の親を尊敬できるよう、先生が手伝うこともできることが分かりました。一方、親たちが、家庭で先生についてとても肯定的に話すことが、子どもにいい影響を及ぼします。つまり、教師と親がおたがいに子どもの前で尊敬しあい、助け合うことこそ、子どもの教育にとって本当に理想的なことなのです。

子どもが家で先生や学校の不満を口にしたら

帰宅した子どもが、一人、またはたくさんの同級生のふるまいについて苦情を言うこともあります。子どもの話は悪口を言われたことに始まり、暴力を振るわれたことに及ぶこともありますが、子どもはとても悩むようになります。こんなひどい出来事がシュタイナー学校で起きてもいいのかと、親たちはとてもショックを受けます。また、担任の先生がまったく知らないこと（そういった問題は先生のいないところで起きますから、気づいていない場合もあるでしょう）に驚きます。担任の先生がその問題を放っているという不満を、子どもを送り迎えする親たちが集まる学校の駐車場などで口にするのです。すると、同じような体験をした親が心配や悩みごとをうちあけ、相談しあったり、どうすればいいのか話しあうことになります。

幸い、私の場合、このような問題が起きるとすぐに知らせてもらえました。そしてその子どもを注意深く観察し、問題の原因をできるかぎり正確に突き止め、問題を起こした子どもと話すことができました。こういった場合、たとえば学校の掲示板によく書かれている「みんなとなかよくしましょう」といった決まり文句は、まったく役に立ちません。私が低学年の担任をしたときに、次のようなとてもいい体験をしたことがあります。

子どもがかくれて問題を起こすことによってクラスの社会性が壊されているときは、その子どもを毎日観察しながら、毎朝、子どもたちにあるお話を聞かせました。それは同じようなクラスの子どもたちが出てくる連続するお話なのですが、生徒や担任の先生の名前は、この学校にはいない架空の名前にしました。陰でいたずらしたり、いじわるをする子どもたちと、積極的にその問題を解決しようとする子どもたちが登場します。そして、その子どもたちの取り組みが、よい結果をクラスにもたらします。たとえば、「フリッツ」と「マルゴット」を先生は特に信頼しており、彼らが熱心に協力してくれたからこそ「仲間はずれをするクラス」から「とても仲のよいクラス」へと変わっていった、というふうにお話は展開します。子どもたちは、鏡に映る自分の姿を見るようにそのお話を聞き、自分自身のあり方をよくしていこうと取り組みはじめたのです。

最近、生徒への接し方がますます難しくなってきたとよく言われます。いつも子どもの態度を直接いさめたり、注意したりしていると、子どもはさらにあつかいにくくなります。それを避けるためには、直接ではなく、似たような設定のお話をすることによって、子どもたちに対応していくことができます。このお話そのものは「道徳的なお話」と似ている場合もありますが、子どもたちは大好きでした。なぜなら、子どもたちはいつも「ねえ、先生、今度はいつフリッツとマルゴットのお話をしてくれますか」と聞いてきたからです。特に大切なのは、学校ではいつも怖がって悩んでいる子どもが、ふたたび自分を信じる感情をもち、悩むことなく負担に思わずに学校に来ることができるようになることです。一方、いじわるをした子どもに対しても、ゆっくりと新しい関係を築いていく試みをするために、お話はいい影響を与えます。

また、先生が自分に対して「とても不公平だ」と、子どもが家で親に訴えることもあるでしょう。わが子の苦情を聞き、自分の学校時代に起きた同じような痛みをともなう経験を思い出し、ショックを受ける親もいます。こういうとき、いったいどうしたらいいでしょうか。

まず、多血質と粘液質の子どもは、不公平だと訴えたりしないことを知っておく必要があります。一方、憂鬱質の子どもは、すべての体験を自分自身の問題としてとても敏感に受け取り、すぐに自分が被害にあったと思う傾向があります。また、胆汁質の子どもは不公平さに強く反発し、少しでも不公平だと思うと、それが本当かどうか確かめもせず、極端に激しい反応を示します。

そういう子どもたちに対して、親がどう反応するかもとても重要です。それぞれの親の気質によって、とても慎重にわが子の話に耳を傾け、落ちついて判断する親もいれば、すぐにかっとなって、事実をしっかり確認せず、わが子がひどい目にあっていると思い込み、激しく怒る親もいます。子どもは、自分の話に親がどう反応するか見分ける微妙な感覚を非常に早く発達させます。お母さんやお父さんがとても怒りっぽく、自分が本当にしたことを確かめたりしないことをうまく利用して、苦情ばかりいう子どももいます。そして、先生がどんなふうに自分を怒ったか、好んで親たちに話します。その場合、本当のことを言うことは、残念ながらあまりありません。親たちは、わが子が言うどんな些細なことも、否定的に受け取るのです。このような場合、できるだけ早く親とそのことについてオープンに話し合う必要があります。親と先生がお互いに話し合ったことを子どもが感じれば、その後、子どもは慎重に親に話すようになるでしょう。

授業についての不満があるとき

シュタイナー学校では、わが子に対するクラス担任の授業の仕方に納得できず、親たちが不満に思うことがあります。では、どんな場合があるか見てみましょう。

●親たちは、自分の子どもがまるで学んでいない、先生から何も要求されない、わが子はできるはずなのに授業がとてもゆっくり進んでいる、クラス全体の授業が遅れているのではないか、と思います。

●子どもたちにもっと多くの宿題を出すべきだ、と思う親もいます。

●子どもの帰宅後、次のような不愉快な体験をした親もいました。子どもの宿題を見てやろうと、かつて自分がならった方法である計算の仕方を教えたとき、子どもは担任の先生がまったく違う説明をした、親の計算の仕方は完全に間違っているというのです。こういったことが、親たちを怒らせてしまう場合があるのです。しまいに、親は、自分は学校に通ったのだから、どのように計算すればいいか子どもよりよく知っている、わが子が言うような解き方は見たことがないし、理解できない、効率がいい方法とも思えない、わが子も学校ですべてを理解することができなかった、もし先生が教えている方法が正しければ、子どもは親にたずねないのではないだろうか、と思うのです。

●さらに、それぞれの親がクラス担任の先生に対して抱く感情はまったく違います。あの先生はわが子に対して甘すぎるという親もいれば、厳しすぎるという親もいます。また、どのクラスにも先生にとても協力的な親たちのグループがあります。このように、親たちの判断はじつに多様です。

先生がどれだけ努力しても、すべての親がそれを正当に評価するわけではないことがお分かりいただけたでしょうか。シュタイナー学校でも、不満を持つ親はいるのです。では、このような問題に、早い段階から対応できる方法はあるのでしょうか。

たとえば、不満を持っている親がまず最初に先生のところに行き、ほかの人に自分の不満を話す前に、じかに先生に対して不満を正直に詳しく話すことが、先生にとっては結果的には何よりも助けになるでしょう。もしもその話しあいのあとに父母会があれば、そこで宿題やその意味、日常的なクラスの学びの状態、自分の授業の仕方などについて話し、親からの質問や提案に対応することができます。いっしょに話しあうことによってお互いを理解することができ、問題を解消するきっかけをつくることができます。

担任の先生がわが子が勉強するようまったく指導しないと思う親や、課題が多すぎて困ると思う親は、クラス担任の先生に、家庭訪問をして個人面談をしてくれるように頼みます。私はこのような家庭訪問をするときには、いつも当事者の子どもの詳しい状態（この子どもにとって、いまこれをすることにどんな意味があり、この子どもにはどれだけ能力があるのか）を話すことによって、親の誤解が解消し、新しい信頼関係が芽生えることに気づきました。以上のことからも、定期的に個人面談を行なうのは、学校にとってとても意味があることが分かります。

「クラス担任を四回務めた」私の経験では、どれだけ努力しても、完全には満足してもらえなかった親たちがいつもいました。人間が共同で生活し、影響しあい、同じ目標に向かって進むとき、困難はつきものです。それでも理想に近づきたければ、困難をのりこえる必要があります。先生が親と話し合うことが子どもの教育上とてもいい効果があったとしても、どんな相手に対してもいつも好感ばかり抱くとはかぎりません。では、人間関係が悪くなり袋小路にぶつかったら、どうすればいいのでしょうか。

すでに袋小路に入ってしまっている場合もあるでしょう。私の場合、このような状態になると、いつもシュタイナーが提案した方法に助けられました。その方法はとても効果的で、私をいろいろな面で助けてくれました。人間関係の緊張を緩和したい場合に役に立つその方法は「肯定的になる練習」です。

それは、どんなに苦手で、いつも反感を感じる相手に対しても、その人の特徴や性格（もちろん彼の容姿も含めて）のなかに好ましい部分を見つけ、それを少しでも肯定的に見ようとする方法です。好ましい部分などまったくなさそうでも、その人のなかの少しでも肯定的な部分を探してみます。あるときそれが成功して、それまでは当然と思っていたその人に対する批判、偏見、先入観、考えが、肯定的なものへと変化したら、その人に対する見方も変わってくるでしょう。それによって、新しい関係をその人と作り上げることができるようになります。もちろん、この方法を試みる場合は、つねに強い忍耐力が必要になります。たとえ「意気消沈する」ような状態になったとしても、このような練習が新たな道を切り開くきっかけをつくってくれます。少なくとも、試してみる価値は十分あります。

しかしそういった努力がまったく役に立たず、クラス担任の先生と親との個人面談さえできなくなった場合には、お互いの信頼を築くために、ほかの先生たちの助けが必要になります。ここ数年のあいだに、多くのシュタイナー学校で、こういった危機的状況をのりこえるために、親と教師が協力しあう「信頼の会」が設置されました。その会では、親と教師の間で子どもをめぐる問題が起きたとき、信頼の会の親の代表と教師の代表が、そのクラスの担任の先生と当事者の親の間に入り、できるかぎり明確に問題を解決していきます。そこでは、「子どもにとって教育的な効果が高く、子どものよりよい意志を授業のなかで育むにはどうすればいいか」ということが重視されます。そのなかで、当事者の親と教師がふたたび新しい関係を築いていくための道を見いだすのです。つまり、親と教師がお互いの意志で協力しあうことが教育的にとても効果があるということです。これらのとても重要なテーマに関するよい参考書も出版されています。

もしこのような問題が起きたときは、その問題をのりこえることさえできれば、親と教師は非常に親密で実りある関係を築くことができます。それによってこの危機をとても肯定的に見ることができるようになり、のりこえるために危機が必要であったことを理解し、親も教師も内面的にそれによって成長したことに気づくことができるのです。

子どもが先生とうまくいかないとき

これが、いちばん最初にたずねられるとても重要な問いです。しかも、八年間のクラス担任制について話す場合、必ず出てくる問いでもあります。もし、子どもが自分の担任の先生とまったくうまくいかなかったら、先生のことを好きではなかったら、いったいどうしたらいいのでしょうか。そして、もし先生がある子どもをきらいだったら、先生は好きになるように努力するのでしょうか。

まずそこで大切なのは、親とくりかえし話しあうことによって、その原因をできるかぎり探してみることです。そして先生自身、いったい何が問題なのか、自分で素直に考える必要があります。本当に客観的な気持ちから、子どもに対して抱いている反感を好感に変えるよう、子どもの前で努力してみるのです。子どもの前で、その子どもに対して強い共感をもつようはっきり意識し、積極的に努力するということです。さきほど紹介した「肯定的になる練習」を先生と生徒がお互いにすることにより、親と何度も話しあうなかで何が問題なのかつきつめていく力と、子どもへの強い共感を意識する力が、自分以外の人間の本質を理解するきっかけとなることができます。それは、真剣に思い悩むことが、本当の理解力に変わっていくということでもあります。ただし、ある期間、鉄の意志をもって練習しなければ、その成果を実感することはできません。

一般的に、最初の学年では、子どもは担任の先生をとても信頼し、尊敬し、大切にします。これは、ある意味では、愛することを学ぶことであるともいえます。このとてもよい関係が、家庭のなかでもとても心地よいものとして受け入れられたら、子どもにとってそれがこの先の基礎になるといえるでしょう。そうすれば、その信頼感はゆるぎないものとなり、特別ひどい問題が起きないかぎり、すくすくと大きく成長していくでしょう。また、正反対の育ち方をすることもないでしょう。そのためには、先生が重大な間違いを犯さないことが必要です。

第6章　二年生

始業日での再会

夏休みが終わりました。親たちの中には、子どもが家でとても退屈し、始業式の日を楽しみにしていたと話す親もいます。担任の先生は、授業がはじまる始業日を、緊張すると同時に楽しみにしています。始業日にはいつも驚くべきことが起こります。夏休みのあいだにとても大きくなった子どもがいます。ふるまいやしぐさ、先生に対する接し方が変化した子どももいます。もちろん、子どもたちは夏休みのたくさんの体験を先生に話すことができます。

多くのシュタイナー学校では、朝、先生が教室で子どもたちを迎えたあと、講堂に向かい、クラスごとに担任の先生から短いお話を聞き、あいさつをします。先生にとって、二年生の特徴的なテーマを短いお話のなかでメルヘンや自然界からのイメージを使って子どもに伝えるのは容易なことではありません。先生は、夏休みと関連づけたり、先生が海辺で見つけた貝殻や、森で出会った動物などの小さなエピソードを題材に、この学年のテーマを子どもに話します。先生は、このときに子どもたちに何を話すか、夏休みの間に最後まで考えておかなければいけません。そして先生は、緊張し、期待しながら、子どもたちが先生の話を受け入れる瞬間を待つのです。

この祝祭的な始業式のあと、先生はクラスの教室で子どもたちと再会するのをとても楽しみにしています。そして、朝の言葉を話したあと、子どもたちにこの一年の正確な予定を話します。子どもたちは、何を学べるのか期待し、緊張し、楽しみに待ちます。ちなみに、毎回、授業の終わりには、シュタイナーは、次の日はいったいどんなことを学べるのか、どんな内容がやって来るのかについて、子どもたちにつねに注目させました。そうすることによって、子どもたちに次の時間に対する興味を抱かせることができるからです。

子どもたちは、新しい時間割をもらいます。それは、時間割の枠だけが引かれた紙か、時間割用に準備された紙で、子どもたちはその紙に、黒板に書かれた新しい時間割を大きなアルファベットの文字で書き写すのです。子どもたちはこのような課題ができると担任の先生に信頼してもらえることや、自分で時間割を大きなアルファベットでうまく書けることにとても満足します。それによって生徒たちは自分に自信をもち、「二年生は、これからもっとたくさんの課題をもらえます」と先生から言われると、子どもは先生に期待されることをとても誇りに思います。この日、何人かの子どもたちが、他の子どもたちの前で、夏休みの体験を話します。夏休みの体験を、隣同士のたんなるおしゃべりではなく、とても大切な体験の交換としてクラス全体で話しあうことにはとても意味があります。新しいエポックは、始業日の翌日の朝からはじまります。

エポック授業

フォルメン線画

担任の先生は、たくさんの子どもたちが夏休みにどれだけ遠いところに行ったか、世界各地にちらばっていたのかを聞き、驚きます。そして、ここでも子どもたちが共同で作業することが大事です。そのためには、クラス全体を「フォルムする（かたちづくる）」必要があります。だから多くの先生が、フォルメン線画を最初のエポック授業として計画するのです。フォルメン線画に取り組むことによって、まだ夏休みの気分が抜けずふわふわと落ちつかない子どもたちが、ふたたび授業に集中できる力を養うことができるからです。

では、子どもたちは、担任の先生からどのような新しい課題をもらうのでしょうか。二年生のフォルメン線画の授業では、子どもはすべてのかたちが少し複雑になってきたことに気づきます。たとえば、左右対称のかたちを子どもたちと学びます。子どもたちは、それを「鏡うつしのかたち」と呼ぶのが好きです[18]。先生が子どもたちの前で簡単に説明したあと、黒板に長い直線を上から下に引きます。それを見た子どもたちは、一年生の最初の始業日を思い出します。しかし、ここで意外なことが起こります。まっすぐな線の右側に、まず簡単な線が描かれます。それは弓を引いたようなかたち（Uを横にしたようなかたち）だったり、稲妻のようなとがったかたち（Wを横にしたようなかたち）だったりします。そして、同じかたちを鏡うつしのように描くのです。子どもたちにとって、それはとても大きな体験です。この図は毎日変

図3　鏡うつしのかたち

わり、だんだん複雑になっていきます。同時に、手先の器用さがますます必要となっていきます。それは先生にとっても同じことで、先生のなかには、授業の前夜、実際に黒板にかたちを書く練習をしなければならない先生もいます。

フォルメン線画の取り組みが、静かに落ちついて集中する作業ができるよう、子どもたちをふたたび学ぶ状態に戻していきます。フォルメン線画を通して、子どもたちの内面がふたたびひきしまる様子を見ることができます。そして子どもたちは、ふたたび授業に集中できるようになります。このとき、子どもたちがつねに新しい体験ができるよう、さまざまなフォルムの要素（波のフォルム、うずまきのフォルム、稲妻のフォルム、川の流れのフォルム、岩のようなフォルムなど）が子どもに与えられます。この練習が子どもたちの意志の力を強くするのです。ただしこの練習は、うずまきならうずまきのフォルムを表面的に紙の上に書くことが目的なのではありません。ていねいに手を動かして書くことにより、うずまきが内側に入っていく収縮や外側に広がっていく拡張を子どもの心が体験することが大切なのです。つまり、子どもの心がそのフォルムを動いているうちに、子どもの心の調和もとれてくるのです。

童話と伝説―ユーモアと真剣さ

夏休みのあいだ、担任の先生はお話の時間で使う教材を用意します。童話は、子どもにとても深い影響を与えます。豊かなイメージが湧いたり、劇的な印象を受けたり、緊張したりリラックスしたりする感覚を味わう経験を童話によって子どもに伝えることができ、子どもの感情も豊かになっていきます。さて、この学年では、よく知られた動物の短いお話（イソップ童話など）を生徒に話すのですが、動物のお話のなかには五行、十行くらいで終わってしまう短いお話があります。先生はそんな短いお話を、動物たちの特徴をできるだけおもしろく、ゆかいに、くわしく表現することによって、印象的なイメージをもつ生き生きとした長いお話に変えることが大切です。崇高で清らかな人間である聖人の伝説の場合は、動物のお話をつくる場合とは対照的に、たとえば「貧しい生活に堪え、努力した人間が、すばらしい力をつけてゆき、神や天使の恵みを受けた」というように、より容易に、自分の言葉で子どもの前で表現できますし、たくさんの参考書があります。

動物のお話を子どもにする上でむずかしいのは、見本となるお話をもとに、先生の想像力のかぎりをつくして新たなお話を創造することです。人間の魂の性質（性格）に動物の衣装を着せ子どもに話すことで、子どもはその動物を通して人間のいろいろな性格を知り、よく理解するようになります。お話を終えて、子どもと興味深い会話を交わすことができます。子どもはとても敏感で、そのお話のなかに人間の弱点が表現されていることにすぐに気づきます。また、教化的な要素は子どもの心に深く浸透し、正しい道を見つけるための思考力として育っていくのです。動物のお話を子どもの前でするときは、タイミングよくユーモアを取り入れ、おもしろく、ゆかいに話します。一例として、よく知られている動物寓話の「利口なライネケ狐」のお話を見ていきましょう。子どもはこの物語に登場する、おそろしく欲深いオオカミを残酷な目にあわせる無敵の狐が大好きです［この物語に登場するライネケ狐は、オオカミと出会い、「食べ物を持ってこなければ、お前を食べてしまうぞ」と脅されます。魚をたくさん積んだ荷馬車がやって来るのに気づいて、路上で死んだふりをしていたライネケの計略にひっかかった荷馬車の男が、ライネケの毛皮をとろうとして荷車に積みます。ライネケはまんまとすべての魚を道端に落とすと、荷車から降りて自分も食べようとしたのですが、オオカミが全部先に食べてしまいました。怒ったライネケは、次にオオカミに脅されたとき、凍った湖を指さして「あそこの穴にしっぽを入れたら、たくさんの魚がとれるよ」とそそのかします。しっぽを氷の穴にたらしたオオカミは、「もっと深くたらした方が、たくさんの魚がとれるよ」とライネケに勧められ、欲に目がくらんでしっぽのつけ根まで湖につけますが、いっこうに魚はつれず、とうとう湖がすっかり凍って、しっぽが抜けなくなります。水をくみにきて、いつも自分の家畜を食べているオオカミを見つけた農夫が、怒ってオオカミをひどい目にあわせます。逃がしてもらえたものの、さんざんな目にあったオオカミは、ライネケに当たり散らします。ところがライネケは、最後に「きみはどれだけ食べたら満足するんだい。まるで欲のかたまりだね」と、高笑いをして去っていくのです］。

一方、聖フランシスコや聖エリザベートの伝説は、動物寓話を話すときよりも、静かで、敬虔な雰囲気がクラスのなかに満ちあふれます。多くのシュタイナー学校では、ある時期動物寓話を話し、次の時期には聖人の伝説を話します。なぜなら、それらの物語を交互に聞かせることによるユーモアと真剣さのくりかえしが、子どもたちに調和をもたらす大きな効果があるからです。

メルヘンはおもに一年生のために話されますが、二年生もメルヘンを聞くのが好きです。ほかの国にもたくさんのすばらしいメルヘンがあることを子どもに教えるため、外国のメルヘンを話して聞かせることもできます。

一年生のときのように、子どもたちは中心授業の終わりにくるお話の時間をとても喜びます。担任の先生もこのお話の時間がとても楽しみです。どうしてでしょうか。先生はたしかにお話をすること自体も好きですが、ふだんは落ち着かない子どもがお話の時間になると耳をすましてお話を聞くのです。担任の先生は、お話を通して自分の生徒たちと心のなかで深くつながることができるのです。毎日の授業の終わりは、このような特別なかたちで迎えます。

文字の授業

一年生での文字のエポックのなかですべての大文字のアルファベットがうまく書けるようになったら、次は小文字に取り組むことができます。小文字の場合も絵によるイメージを使って授業を展開することもできますが、大文字のときほど時間をかけないよう、授業を組み立てることが必要です。

小文字を大きなアルファベットの子どもとみなして、ファンタジーのなかで上手に変化させることができます。子どもたちは一日のあいだに、たくさんの「子ども」を「親」の横に書くことによって、小文字を学びます。小文字が書けるようになったら、大文字と小文字を使う文章を学びます。このとき、クラスの子どもたち全員の名前を書くことができます。授業では、特別なテーマとして、季節の移り変わり、月、週、一日の流れなどについて話しますので、子どもたちが完全に文字を覚え、自由に書けるようになるまで、アルファベットの文字を練習するために、いろいろな名前を書くチャンスがあります。同じようにして、短い詩や韻を踏む文、先生がつくった文章をノートに書くこともできます［ドイツ語の場合、名詞を書くとき、名詞の最初は大文字、その後に小文字を書きます］。

この時期になると、子どもたちは、それまで字を書くときに使っていた太くて四角い蜜蠟のクレヨンのかわりに、太い色鉛筆を使うようになります（子どもたちは、この色鉛筆のことをでぶちゃんと呼びます）。今まで使っていたクレヨンから長い色鉛筆にかえるということは、子どもにとってはとても大きな変化が訪れるといえるのです。それは子どもにとってとても大きな瞬間です。担任の先生は、色鉛筆を導入する方法をよく考える必要があります。たとえば、子どもたちにノートにクレヨンで太い線を引かせて、その線の中に色鉛筆ではっきりとアルファベットを書かせる方法や、白い紙に何も補助線を引かせずにアルファベットの大文字や小文字がまじった文章を好きなように書かせる方法など、いろいろな方法がありますが、担任の先生はどの方法をとるか自分で決め、親たちに説明します。それが、たとえすべての親が納得できるような決定ではなくても、担任の先生が納得して「自分のやり方」を決めることはとても大切ですし、親たちも最終的には担任の先生の判断にゆだねることが大切です。

最初の本をみんなで読む

他の学校と比較して、シュタイナー学校が子どもに本を読ませはじめる時期がとても遅いことを驚く必要はありません。本を読むことは、二年生の授業でとくに重視されています。

担任の先生は、すでにこれまでにも自分で書いた文字や黒板に書かれた文字を子どもたちに読ませてきました。しかし二年生のカリキュラムのなかで、「大切な日」がやってきます。いよいよ読本が渡されるのです。シュタイナー学校の二年生のために編集されたその本には、たくさんのお話や言葉、詩がのっています。驚くべきことに、この本には一つのお話だけがのっているのではなく、長短さまざまの言葉や詩、短いお話が、いろいろな文字（薄い文字、太い文字、昔の印刷に使われていた古い文字）で印刷されています。そして、合唱するときのようにみんなで声をあわせて読んだり、一人ずつ読む練習をすることができます。担任の先生は、ふたたび「自分のやり方」を父母会で話し、読本について紹介することがとても大切な次のテーマになります。文章が読めるようになる早さはそれぞれの子どもによって違うことを、親は知る必要があります。なかには、とても長い時間がかかる子どももいます。このような子どもの親に対しては、つぎのような比喩を使って事情を説明し、理解してもらうことができます。「春になると、樹木はじつに多様な時期に芽吹きます。樫《かし》は、他の木々の若葉が深い緑にならなければ芽吹きません。同じように、読むことができるようになる時期もさまざまなのです」。

授業は、次のように進められます。まず、先生が読本のなかからある文章を選び、最初は自分の言葉で、その文章の一つひとつが生徒の中にイメージとして伝わるよう、生徒がすべての文を理解できるような内容にして伝えます。その後、はじめて一文ずつ声に出して読み、声がどこで上がり、どこで下がるかといった正しいアクセントやイントネーションについて説明します。これが文のメロディーにあたります。子どもはまず担任の先生の説明を聞き、話したり、文章を読む場合、指や自分の大好きなしおりで文字を追いながら読みます。最初は一つの文章のなかから、ある単語を子どもに探させ（たとえば、BAUM「木」はどこにありますか、とたずねます）、声を出して読ませることをくりかえすうちに、自分が読んだ単語に対する意識が子どもたちのなかに生まれてきます。

何度もそのような練習をするうちに、テキストを暗記する子どももでてきます。そして、子どもが本を読んでいるのか、暗記して話しているのか分からないほどうまく読めるようになります。

暗記するのはとてもいいことですが、読本の文字が読めなければ意味がありません。ですから、はじめのうちはそれでいいとしても、先生が、子どもたちのなかでいったい誰が正しく読むことができるか知りたいときは、子どもたちが大好きな課題を出すことができます。まずみんなで読み、そのあとにそれぞれの文章を文末から単語ごとに逆に読ませるのです。ここでも、私たちがとても大切にしている「全体から部分へ、全部の文章から一つひとつの言葉へ」という概念が使われています。これは、魂を目覚めさせる活動なのです。

いくつかの「芽」は、一所懸命練習したにもかかわらず、あとから芽吹きます。担任の先生は、ある朝、一人の子どもから、ある子どもが読むことができるようになった、と小さな声でいきなり教えられるのです。

シュタイナー学校の読本には、たくさんのお話が入っています。読本は読むだけでなく、文章をていねいに、間違いなく書き写させる練習のために利用することもできます。最終的に重要なのは、正字法を身につけることです。生徒たちは、読本にある文章をノートに書き写すためにはまずしっかりと読本の文字を見なければいけないことに気づきます。たくさん並んだアルファベットが一瞬で読めるようになればすばらしいでしょう（最終的にはすべてのつづりが読めるようになるといいでしょう）。ふさわしい時期にノートに正しく書く練習をしなければ、上の学年に進んだ生徒が、黒板に書かれた一つひとつのアルファベットや本の文字をざっと見て、不注意にノートに写してしまうようになります。その生徒たちは積極的に読むプロセスを避け、ごまかし、授業に集中せず、読むことが上手になりません。

担任の先生と親は、子どもの読む力を育てるために、協力しあう必要があります。ふさわしい時期に、愛情をもって、子どもが読本を読む手助けをしてあげるのです。二年生と三年生が読本を使います。まず、子どもたちは黒板の文字やノートの文字をすべて読み上げるべきです。その際、担任の先生は、すべての生徒に気を配り、世話をし、付き添い、それぞれの子どもが自分のやり方で読むことができるよう、慎重に配慮しなければいけません。

活字体から筆記体へ──アルファベットが手と手をつなぐ

子どもがある期間、色鉛筆をつかって取り組んだということにはとても意味があります。そして、これからもたくさんの練習をしなければいけません。子どもに「新しい」アルファベットの筆記体を示します。子どもたちは今まではアルファベットを一字書くたび、いったん手を空中にあげて新しく書きはじめました（筆記体は手を空中にあげる必要はありません）。次に、子どもたちはたくさんのアルファベットがお互いにつながりあうことを学びます。フォルメン線画の授業のときと同じように、子どもたちとさまざまな線の書き方を練習するのですが、最初は簡単な長い波の線からはじめ、その線をさまざまなフォルムに変容させ、だんだんむずかしくしていくことが大切です。[19]そして、子どもが上手に書けるようになったら、生徒といっしょに、かっちりしたアルファベットの活字体を少しずつ動きのある筆記体へと書きかえていきます。その練習をするなかで、子どもたちは「一年生のときに」学んだかたちを思い出すかもしれません（たとえば、ドイツ語のWelleは波という意味ですが、子どもたちは、筆記体の練習をしているとき、一年生のときに書いた波に似たかたちとWelleのなかのWの筆記体が似ていることを指摘することもあります）。

アルファベットはすぐに手と手をつなぎ、担任の先生のなかには次のような指導をする先生もいます。まず、何人かの子どもを教室の前に呼び、他の人に聞こえないように一人ずつあるアルファベットを耳元でささやきます。言われた子どもは、指定されたアルファベットを大きな声で言います。座っているほかの子どもたちは、その言葉を「読みます」。次に、クラスの前にいる子どもたちが手をつなぎ、その様子を活字体から筆記体になった様子に見立てるのです。とても素敵なことに、もう一度それを黒板に書いて見せることができます。一つひとつの活字体の言葉が「小さな腕」をもらい、そしてとなりのアルファベットと手をつなぐのです。

担任の先生は、まず補助線を引かせてから、その線のあいだに筆記体を書かせるか、まったく自由に白紙に筆記体を書かせるか、子どもたちの状態を見て自分で判断することができます。子どもたちがある程度筆記体を上手に書けるようになったら、先生は子どもたちに読本の印刷された活字体の文章を筆記体で書きかえさせます。

計算力を育てる

一年生では、さまざまな計算の仕方について栗やお話のイメージを使って教えましたが、二年生では一年生で学んだことをさらに深め、発展させていきます。数を少しずつ大きくして計算する練習をし、九九《くく》や数の法則に取り組むのです。[20]担任の先生は自分の計算力を高める必要があることに気づかなければいけません。なぜならば、クラスの子どもたちのなかにはとてもすばやい暗算で解答を導き出し、答えることができる子どもがいるからです。担任の先生は、正確に計算するために家で何度も暗算の練習をします。なぜなら、家で早く計算できなければ子どもの前でもうまくできない可能性があるからです。とくに練習が必要なのは、数の大きい九九の段（一〇段以上）です。子どもは、大きい九九の段を、前進したり後退したり、手をたたいたり、指で数えたりして、からだを動かしながら暗記していきます。

新しい計算の授業のなかで、子どもたちがそれぞれのノートに取り組む問題は、先生が自分で考えます。シュタイナー学校では、一年生の生徒のための文章としての問題（たとえば、リンゴが五個ずつ入ったかごが、十二個あります。リンゴは全部で何個ありますか、というような問題）はありません。また、先生のための指導要領もありません。なぜなら、それぞれの先生の創造性を妨げないためです。計算の授業のなかで大切なことは、上に述べたようにたくさん暗記し、練習し、声に出して読むことです。一年生で学びはじめた「九九」は、二年ではさらに上の段に進み、二桁の「九九」へと発展していきます。それはそれぞれの子どもが最終的にはできるようになるべきです。

計算の能力を発達させる上で、二年生はとても大事な年です。二年生ではたくさんの計算のエポックが準備されています。三年生以上になるとほかのエポック（たとえば三年生では、農業、家づくり、職人について学ぶ生活科など）が新たに増えるため、二年生ほど充実した計算のエポックの時間がもてる学年はほかにはないのです。担任の先生にとっても、効率よく子どもと取り組み、子どもといっしょにできるだけたくさん練習するいい機会なのです。そこで必要なのは、担任の先生が子どもが家や学校で計算した課題に興味をもつことです。ノートに間違いがないか点検すると同時に、ノートがきれいに整理して書かれているか注意します。そのようにして、先生は計算ができないのはだれか、解けない課題があるのはだれか、助けが必要なのはだれかを正確に知ることができます。つまり、先生は子どものなかに起きているすべてのことに興味を持ち、そこから自分の授業を作り上げていくのです。子どもたちのノートは、週末に集めるのがいちばんいいでしょう。なぜなら、平日は子どもたちは宿題や計算の授業での毎日の練習のためにノートがどうしても必要だからです。

二年生の終わりには、担任の先生としてできるかぎりのことをしたにもかかわらず、一人ひとりの子どもの計算の能力にはとくに大きな差があり、成長の仕方が違うことを体験します。同時に、クラスのなかには、定期的な助けを必要とする子どもと、理解し、計算するまでにとても長い時間がかかる子どもがいることに気づくでしょう。二年生では、何度も練習することが子どもの計算の能力を伸ばす基本であり、それによって子どもも親も「進歩した」と実感することが大切です。この練習が、これから学んでいくためのしっかりした土台になるのです。この土台さえあれば、その上にたくさんの成果を積み上げることができるようになるでしょう。

第7章　学ぶ姿勢を忘れない——担任の先生の内的な目標

子どもにとっての「権威」とは何か

シュタイナー学校における先生の権威について、よく批判されます。先生がいわゆる「権威」をもっていると誤解されているのです。しかし先に紹介したように、この年代の子どもたちは、自分が見本にできる存在、責任をもって導いてくれる存在を、心から必要としています。子どもたちが先生を権威ある存在として意識するのは、子どもたちが先生はすべての行動が自分たちの見本になる人でいてほしいし、先生を手本として努めていきたいと思っているからなのです。子どもたちは先生を心から信頼し、親しみを感じ、自分の目標として受け入れようとしているのです。この権威という見方は、シュタイナーによって見いだされました。健康的な子どもはとても強い意志を持っており、そのような導きを心から願っているのです。

この場合の権威とは、外側から強制されず、生徒が自分からそれを認め、感じ、尊敬したくなる存在のことであり、そこから生まれる先生と生徒の信頼関係をさします。子どもは、最初はどんな先生に対しても、本能的にこのような関係を作り上げます。まず、一年生では先生を頼り、二年生になると心からの信頼をよせるようになります。八年間にわたる担任としての経験において、子どもたちがそれまでの「権威」から離れていく時期が訪れることについては別の章で詳しく見ていきますが、八年間の担任を終えるとき、子どもたちには低学年のときのようにいつも先生をすばらしいと思うようなことはない時期が来たことがはっきりと分かるようになります。

もしもこの「権威」を権力と受け取られた場合には、権力は教育とあいいれないことをはっきりさせなければいけません。シュタイナーはそれを次のように表現しました。

「子どもは、大人を尊敬するのはとても大切だということを体験します。大人たちは、尊敬されることに対して、尊敬されるに足る人間としてのふるまいを、生徒から無意識のうちに要求されるでしょう。先生が、自分自身が子どもから尊敬される人間になれるよう努める必要があることに気づき、つねに学び続ける大人でいることが、子どもの教育にとって、とても効果があるのです。その先生の姿勢こそ、子どもたちが先生を愛する理由であり、自分もそうありたいと願う姿勢なのです。もしもこの願いを先生がかなえることができたら、子どもは先生のなかに人間的なすばらしい力を感じることができるでしょう」。

つまり、担任の先生は、自己教育によって、子どもが必要とし、求めている存在になれるのです。それは、子どもたちが親しみを感じ、認める、つねに行動し、進歩する人間になれるということです。先生は、つねに先に学び続ける存在です。成長の過程に終着点などないと思い、自分が完成したと思わず、つねに学び続けるのです。上から下に子どもや親を見下すような態度をとらないことほど、先生にとって大切なことはありません。

すべてのことから学ぶ

シュタイナー教育では基本的に何を重視し、何を目的とするかという問いに対して、驚くべき答えが返ってきます。それは、すべてのことから学ぶ、つねに学びつづけることを学ぶ、という答えです。それは生徒だけでなく、先生にも当てはまります。つまり、子どもにとっても先生にとっても、学ぶということに終わりはなく、同じところにもとどまらないということです。そこでは、目標に到達しても、そこにとどまるのではなく、つねに学び、つねに新しい目標に向かって進むことが大切です。この考え方は、どれだけすぐれた人にとっても、きっと人生の大切な目標になるでしょう。

担任の先生は、大学やセミナーなどでも学んだことのない分野の授業をすることになります。たとえば、郷土学、歴史や神話、天文学、鉱物学、農業やパンづくりなどの授業もあります。そういった内容を三週間か四週間かけて授業のなかで集中的に深めていくなかで、先生はつねに学びつづける人として生徒の前に立ちます。担任の先生が授業の内容に関心をもち、知識を深め、広げていく姿勢は、子どもの教育に欠かせません。担任の先生があらゆる分野に関心をもてば、子どもたちにもその気持ちが伝わり、多様な領域にわたる授業のなかで、自分の興味や関心を深めていけるのです。親も先生も、それを心から願っています。先生自身がまったく興味をもたずに教えている教科に、生徒が興味をもつはずはありません。興味をもつということは、つねに学ぼうとする先生の意志が働いている証です。それが子どもにとっていちばん大事なのです。低学年や中級学年（一年生～八年生まで）のときに担任の先生が担当した分野は、上級学年（九年生）からは専科の先生が専門的に深めていきます。七年生と八年生の生徒は、担任の先生が一所懸命努力して物理や化学などのエポックと取り組む姿を見て、自分もつねに学びつづける人間に育っていきます。先生はこのように努力しながら、人間と世界の深い関係を生徒に伝えていきます。

以上のことを深く考えていくと、次のことが分かるでしょう。さきにふれたように、何人かの親たちは、わが子がシュタイナー学校に入学するにあたって、できれば経験豊富な担任の先生に受け持ってもらいたいと思います。自分の子どもを上手に教えてくれる先生に、手慣れた方法で子どもを扱ってもらいたいと思うからです。しかし実際は、新任の先生やまったく担任の経験のない先生から、子どもはたくさんのことを学ぶでしょう。なぜなら、先生自身がたくさんのことを学びながら授業をつくっているからです。八年間の担任の経験がある先生が同様の効果を得るためには、経験に甘えず、子どもに教える一方でつねに自分で学び、自分の課題や弱点を克服しながら自分自身を変えていく試みが大切です。私は、四度目のクラス担任をしたとき、次のような体験をしました。そのときの子どもたちの心には、それまでの私の経験にもとづく教え方ではまったく届かず、効果がありませんでした。その結果、私はその八年のあいだ、非常に集中し、それまでの授業よりもずっとたくさんの準備しなければならなかったのです。なぜならばこの四度目の生徒たちが、私にそれまでの生徒よりもたくさんのことを要求してきたからです。

つねに学び続ける

では、先生が授業の準備をするときの心の持ち方がどのように子どもに影響するか、一例を上げてご紹介します。私が担任したクラスが上級学年になったとき、どのような結果が出たか見ていきましょう。

私が八年間担任をつとめた子どもたちを、上級学年の先生たちが教えはじめて何週間か過ぎたあと、数学と歴史の先生が私を話し合いの席に招いてくれました。そこで彼らは、私のかつての教え子たちの授業での様子を教えてくれました。彼らはとても率直かつ親切に会話を進め、いいニュースから聞かせてくれました。まず、経験豊富な歴史の先生が、「このようなクラスで授業をするのははじめてです。歴史に強い関心を持ち、生き生きとした多くの授業を生徒たちがつくり出したのです」と、とてもうれしそうに言うのです。おそらく、私が歴史には詳しくないため、たくさんのことを学ばねばならず、彼らの担任をしていた一年生から八年生までのあいだは、いつも夏休みになると歴史の本ばかり読んだからかもしれません。

一方、数学の先生は、「残念ながら数学の場合はまったく逆だ」と教えてくれました。担任をしていたころの私は算数を教えるのを得意としており、あまり算数が苦手な子どもの気持ちを意識しませんでした。実際、学生時代から数学の授業がもっとも好きだった私は、努力などしなくてもよくできました。しかし、子どもとの教育的な取り組みの面では、私の算数の授業はあまり実りがなかったのです。この話を聞いた私は、初心に戻って算数を学びなおそうと思ったのです。

そんな私に、経験豊富なある担任の先生が、とてもいいアイデアを提供してくれました。それは、次の一年生の担任がはじまったら、算数のエポックでは新しい課題を少しずつ教え、何度も練習をくりかえすという教え方でした。私は、次の八年間それを実践し、九年目に、あの話し合いにとても意味があったことを実感しました。担任の先生が新しく学びなおすことによって、生徒が本当に学ぶ力をつけていくことがはっきり分かったからです。

シュタイナーは、最初のシュタイナー学校の先生に、先生と生徒の心は目に見えない秘密の糸でつながっている、と教えました。「人間として、生涯学びつづけたい」という先生の気持ちは、子どもの心にたえず伝わっていきます。逆に、「自分はすでに十分知っているから、これ以上学ぶ必要はない」という気持ちも、子どもにすぐに伝わるのです。担任の先生がエポック授業で取り組むすべての「教科」に対して「つねに学びつづける人」でいることが教育的にどれだけ深い意味があるか、以上の例からお分かりいただけたことと思います。私が二回目に八年間の担任を勤めたとき、子どもたちは歴史に対してそれほどやる気を見せませんでした。彼らが強い関心を示したのは鉱物学でした。これは、ちょうどその年、鉱物学に強い関心を持っていた私の「鉱物学を学びたい。鉱物学はおもしろい」という気持ちが生徒の心のなかに流れ込んでいった結果だと思うのです。

アントロポゾフィーの人間学

授業の内容や準備の仕方（11章で詳しく説明します）に加えて、シュタイナー学校の先生はアントロポゾフィーの人間学について熱心に学びます。[21] この人間学では、人間に対する深い理解は、人間が宇宙的な法則にしたがって成長することを意識するところから得られるとします。そのため、七歳、九歳、十二歳といった成長段階に合わせて、授業の内容や課題がさまざまに変化します。なぜならば、年齢にふさわしい発達（成長）を助けるために、授業があるからです。

人間学では、人間を「つねに成長し、変化する存在」と見ます。命あるすべてのものは成長し、変化するのです。同じ人間だからといって、六年生のための教科が三年生にあうことはないのです。なぜなら、三年生は六年生とはまったく違う発達の段階をたどっているからです。ですから、子どもの成長発展の法則とそれにみあった授業づくりについて先生が深めていくことが何よりも大切です。人間学の認識（たとえば、成長発展の認識、授業の呼吸とリズムについてなど）から授業を作り上げていくと、子どもたちは本当に生き生きと健康的に学びを深め、いつも興味をもつようになります。アントロポゾフィーの人間学を学ぶということは、人間はつねに成長し、変化し、発展しつづける存在であり、それが人間の本質であるということを深めていくことを指しています。担任の先生は、人間がとても崇高な存在であることを理解し、その崇高な存在が生まれる前に、天界で自分の運命とその深い関係を見つめ、ふたたび地上で学びたいという意志のもとに地上に降りてくることを知ります。そして、自分の力を引き出してくれる先生に出会いたいと思い、学校に入学してくるのです。子どもが出会う学校や先生は、その子どもの魂が「出会いたい」「導いてほしい」と決めているのです。何と深遠なできごとでしょう。ハードヴィク・シラー氏が最近出版された『君のなかの「もう一人」を、先生は知っている』[22]という本のなかには、生徒と先生の、そして先生と親の、日常的な意識を超えた次元での運命的、カルマ的なつながり、輪廻転生のなかでの出会いといった内容が、シュタイナーの霊的探究の思想にもとづいて取り上げられています。このような本を読むと、自分の前にいる子どもをまったく新しい見方で見られるようになり、子どもとの関係も深くなっていくでしょう。

教育者は、つねに自己教育を続けなければいけません。先生が自分の内面と深く取り組むほど、子どもは自己教育をしている人間を見本にすることを覚えていきます。先生のあらゆる行ないが、子どもたちがみずからの力で個性を作り上げていく基盤になっていくのです。

つまり、教育の意味は自分自身を教育することにあるのです。

大切なのは心の持ち方

担任の先生としてどれだけ長い経験を持ち、ていねいに授業の準備をしていても、朝、教室に入るときはとても緊張するのですが、子どもにあいさつをして授業を始めると、不思議とリラックスするのです。ちょうど舞台俳優が、公演の前になるとかならずどきどきするようなものです。かつてシュタイナーも、先生たちが彼にそれを言ったとき、それはしごく当然のことだと言っています。

シュタイナー学校の担任の先生にとっては、子どもの前にどう登場するか、どう授業するかを左右する、先生の心がまえが重要です。先生は、アントロポゾフィーの人間学を学ぶことによって、自分の心がまえをゆっくりとつちかっていきます。先生が、一人ひとりの子どもが天界から地上に降りたいというとても強い意志をもってこの地上にやってきたということについて内的次元で深く取り組んでいけば、先生のさまざまな働きかけはかならず子どもに届くでしょう。

教育的な効果の面で、目に見える成果や結果、成功を期待するのはまったく意味のないことです。シュタイナーは、次のように言っています。

「もしも担任の先生が、エポック授業の終わりに『次に同じエポック授業をするときは、もっといい授業をしたい』と感じるような授業ができたとき、子どもたちはかならずその授業から多くを学んでいます。逆に『今日の授業は、自分としてはとてもうまくいった』と先生自身が満足するような授業は、子どもにとってほとんど教育的な効果はありません。担任の先生は、授業をするときはいつも『今日のエポックでいちばん多くのことを学んだのは私だ。私はこれまで何も分かっていなかった』という気持ちをもたなければいけないのです。なんという逆説でしょう。謙虚さと、つねに学ぼうとする気持ちが、教育のなかで何よりも大切なのです。教師としてのみせかけの成功や、すばらしい先生だと思われたい欲などは、本当の教育とは何の関係もないのです[23]」。

シュタイナーは、八年の担任を終えたあと、次に八年の担任をするときはさらにうまくやりたいと思い、次に八年の担任を終えたときも今度こそもっとうまくやりたい、と思うことが必要だと言っています。私も、四度の八年間の担任を終えるたび、同じように思いました。

幸い、担任の先生は、「完全無欠のスーパーマン」である必要はありません。子どもたちが、世界のあらゆるものに興味をもつようになるべく導くのが、担任の先生の仕事です。担任の先生（もちろんほかの先生も）は、どんな楽器からもすばらしい音色を引き出すことができる芸術家のように、さまざまな方法で授業を展開することによって、子どもにそれを伝えるのです。先生にとって、子どもたちが先生を尊敬に値する人物と見なし見本にすることが、もっとも重要です。子どもは心から尊敬できる人物を必要としています。だからこそ、私たち大人がその期待に応えられるよう自分自身を磨いていくのです。子どもたちは、先生に「導かれたい」と無意識に願っているのです。先生にはそれだけ大きな責任があるのです。

シュタイナー学校の先生はおそろしく高い「理想」を抱いています。それは、到達できないような理想かもしれません。しかし、どの先生も、その理想に至る道の途中にいるのです。「いつも完璧ではない授業をするようでは、子どもに害があるのではないか」と考える読者もいるかもしれません。しかし、それに対しては、次のように答えることができます。幸い、私はとても興味深い観察ができました。どの担任の先生も、専門的な能力をもっています。しかし、八年生の終わりになると、そのクラスの子どもにとって、特別な体験であり、めぐまれた点でもあります。それは、エポックのテーマをすべて終えることができなかった、自分の生徒が数学の授業で目標に到達しなかったといった、さまざまな未完成の取り組みが残っていることに気づきます。私自身、長い経験のなかで、何度もこういった経験をしましたが、幸いこのような「不手際」は、上級学年（九年～十二年）の時期にとてもうまく補われ、子どもたちはすくすく成長していきました。驚くべきことに、上級学年の先生のなかには、さまざまな内容を最初から学び直すことを喜ぶ先生もいるのです。

同様に、専科やほかの先生が、担任の先生の苦手な部分を補ってくれる場合もあります。担任のかたよりが、ほかの先生によって補われるのです。それは、同僚の先生どうしまったく話し合わなくても、互いに補いあえる関係です。まるで自然の有機体のなかのさまざまな能力をもつすべての部分が、全体と調和しつつ組み合わされているように、学校を一つの生き生きとした有機的な生命体と見なすと、消化器官が胃を助けるように、一つの欠陥を他の器官が補ってくれる、生き生きとした生命体である人間としての学校は、すべての活動が、つねに調和する方向へ向かおうとする姿勢を持っています。

ただし、とても難しい問題が起こって、子どもたちが大きな損害を受けるようなことがあれば、学校指導職員会議（シュタイナー学校の運営にたずさわる中心人物による、重要な用件を決定する会議）を開いて取り組まねばなりません。

ここで取り上げねばならないのは、今日、また将来的に、授業に癒しや治療といった要素をもっとたくさん取り入れる必要があるということです。子どもたちのなかには、一年生の段階から、さまざまな問題を抱える子どもがふえてきました。ＬＤ（学習障害）やＡＤＨＤ（注意欠陥多動性障害）などの症状がある子どもたちに対しては、「治療教育的」「魂の保護を求める子どもたち」という観点から取り組むことがより重要になってきます。シュタイナー教員養成学校では現在、担任の先生が治療教育的な課題に対して、親しんでいく取り組みをしています。

担任の先生が、アントロポゾフィーの湧き出る泉を通して、人間と世界のあいだの理解力を深めていくことができれば、子どもたちは無意識のうちに少しずつそのことを感じはじめ、先生を「心から尊敬できる人」と見なし、大好きになっていきます。その愛の力が、先生のさまざまな課題を克服できる力となっていくのです。

第8章　先生たちとの取り組み

子どもの全体的なイメージをつかむために

担任の先生にとって、子どもたちの専科の授業に興味を持つことも大切です。とくに低学年の生徒は、手工芸の専科の授業を担任の先生が見に来てくれることをとても喜びます。先生が子どもたちの作品を熱心に、じっくり見て、驚き、一人ひとりに優しい言葉をかけ、一所懸命取り組んだ彼らの熱意や努力をほめてくれることほど子どもにとってうれしいことはありません。子どもたちは、自分がつくったものを先生に見せるのが大好きです。中級学年（五～八年）の場合も、担任の先生が専科の授業を参観し、子どもたちに心からの興味を示すことがとても大切です。

音楽の専科の授業を参観すると、子どもたちが歌ったり楽器を奏でたりする様子が、担任の先生が担当する朝のリズムの時間の様子とは違うことに驚かされます。専科の授業では、一人ひとりの子どもの授業中の態度が、担任によるエポック授業のときとまったく違って、目のあけ方、耳のすまし方をはじめ、すべてにわたって集中している様子を見ることができます。たとえば、クラスの半分くらいの生徒が参加するオーケストラの授業では、バイオリンやチェロなど、さまざまな楽器をあつかう子どもたちの様子を、客観的に観察することができます（なぜなら、ほかの先生が授業をしているので、担任の先生は落ちついて子どもを見ることができるのです）。そういった経験から、自分が担当する授業にも活かせるよいアイデアをもらうこともあります。たとえば、音楽の専科の授業で歌っている歌を朝のリズムの時間でも練習したり、音楽の専科の先生が宿題に出した笛やキンダーハープ［シュタイナー教育で低学年が使う、手にもてる小さなハープ］の曲を朝のリズムの時間でも続けて取り組むことができます。

このような専科の先生と担任の先生の共同の取り組みを、シュタイナーはとくに重視しました。彼は、シュタイナー学校で先生たちが心をあわせて取り組むことについて、職員たちがさまざまな授業でどのようなテーマを取りあつかっているかお互いが話し合うことが大切だと言っています。たとえば、担任の先生が中心授業で農業のエポックをあつかっていたら、音楽の先生は収穫の祝いの歌を子どもたちと歌ったり、笛で吹いたりし、オイリュトミーの先生は「種をまく農夫」の詩を子どもといっしょに動いてみる、というように、先生どうしがお互いにいま取り組んでいる授業が分かり、あるテーマがすべての教科に共通してつながりあうようにすれば、ある教科だけ全体とまったく関係なく、孤立して進んでいくようなことがなくなるでしょう。

生徒が、先生どうしのつながりあいを感じることが、生徒にとって何よりも大切なのです。このような手工芸や音楽の専科の授業の例から、担任の先生が専科の授業を参観することにとても大きな意味があるということがお分かりいただけたことと思います。このほかの専科の授業の場合でも同じです。担任の先生にとって、専科の授業まで参観しようとすると時間的な負担はかなり増えますが、それでも実行するに足る大きな意味があります。参観することによって生徒に対する興味を示し、子どもたちとの内面的なつながりを深めることができるからです。

前章でも見てきたように、それによって先生と生徒の魂と魂のあいだが秘密の糸でつながるのです。その糸には、担任の先生にとっても生徒にとっても、本当に大切な意味があるのです。

一方、専科の先生が朝の中心授業にやってきて、担任の先生と生徒のやりとりをよく見て、自分の授業での様子とはまったくちがったそのクラスの特徴や雰囲気を体験できることは、専科の先生にとってもきっと役に立つでしょう。担任の先生が子どもたちの生き生きとした全体的なイメージを得るためのとてもよい方法は、自分の授業中以外の子どもの様子を知ることです。教室のなかでは子どもはいつも同じ席に座り、隣に座る子どもも同じです。子どもたちが教室以外の場所や校庭でどのように動き、ふるまうかを観察することは、とても豊かな経験になります。

教室では非常におとなしい子どもが休み時間になるととても活発に動き回る姿を目にして、驚かされることもあるでしょう。その子どものまったく違った一面が、休み時間に現われるのです。校庭で片時もじっとせずに動き回る子どももいれば、いつも隅のほうに立ってほかの子どもを眺めているのが好きな子どももいます。何をして遊んだらいいかすぐに思いつく子どももいれば、ほかの子どもとどうして遊んだらいいか分からず、先生が遊びの手助けをしてくれることを喜ぶ生徒もいます。または、とてもけんかっぱやく、問題を起こしては怒ってばかりいる子どももいます。退屈しているわけでもないのに、遊んでいるほかの子どもの邪魔をする子どももいます。そんなとき、先生はその争いに割って入って、調停し、子どもたちをなだめ、「けんかっぱやい子どもたち」と距離を置くように指導する体験ができるでしょう。

このように、休み時間の子どもたちの様子も知らなければ、子どもの全体像を得ることはできないでしょう。できれば、担任の先生は、最初の一年生の休み時間に校庭に出て、自分のクラスの生徒の様子をよく観察するといいでしょう。この休み時間での取り組みが、共同体としてのクラスをつくりあげていく大きな力になるのです。

クラスの職員会議――みんなで一つのイメージをつくる

自分のクラスにかかわるすべての先生が集まってクラスの職員会議を開くことはとても大切です。できれば規則的に、一定の間隔をあけて、ほかの先生たちと話し合うことはとても大切です。このクラスの職員会議には、治療オイリュトミスト［からだや心の病気を治していくためにオイリュトミーを使う先生］や言語造型法［言葉やからだに問題のある子どもに対して、マンツーマンで語りかけることによって、言語の力で治療的に働きかけていくこと］の先生など、学校で治療的な取り組みをしている先生も招待されます。

一般的にこのような職員会議では、まず参加する担任の先生や専科の先生がこのクラスで体験したこと、行なったことをほかの先生たちに伝えます。クラスに対する共通の深いイメージをお互いに共有するためです。また、それぞれの先生の悩みや問題の相談に乗ったり、そのほかに特別に体験したことを話しあうことのできる絶好の機会となります。

次に、先生たちはクラスのなかの大きな助けを必要としている子どもたちに注目します。まず、その子どもをできるだけ肯定的にとらえ、先入観なしにその子どもを見つめ、問題をはっきりさせ、本当にその子どものためになる解決の方法や対応の仕方について考えます。職員全員がその子どもの家族の状況や親の対応、子どもがどんな幼年時代を送ってきたか、子どもの可能性は何かといったことを話しあい、「いったいこの子どもはどこから来たのか」という子どもがもつ崇高な力に対して、敬虔な気持ちを持って理解すれば、問題を解決し、その子どもを豊かに育むための、とても大きな力になっていくでしょう。そこで生まれたその子どもの共通のイメージをもとに、子どもに対して先生たちが力をあわせて対応することが大事なのです。学校に治療的な分野にかかわる先生がいれば、このような話しあいにおいて、とても頼りになるでしょう。また、実際にその子どもを、言語造型や治療オイリュトミーによって治療したり、相談に乗ったりして、担任の先生を助けることもできます。このような生徒の治療に取り組む先生は、つねに担任の先生のいい相談相手になるでしょう。

クラスの職員会議を通して担任の先生は専科の先生とより深くつながり、お互いの信頼関係を深めていくことができます。しかも、この職員会議ではお互いを批判することもでき、自分の仕事に役立つ示唆をもらえたり、共通の約束ごとを確認したりすることもできます。専科の先生もまた、このクラスの職員会議を大事にしています。この話し合いを通してつねに子どもについて新しい見方を持ち、子どもと新しくつながっていくことができるからです。いつも肯定的な考えを持つことが、教師や子どもにとってもっともすばらしい効果をもたらします。

学校の職員会議

シュタイナー学校では、毎週木曜日に職員会議が開かれます。それは八年間担任をしている先生にとって、とても重要な会議です。この職員会議では、自分のクラスを担当する専科の先生とだけでなく、ほかのクラス担任の先生とも話しをすることができます。たとえば、自分が疑問に思っていることを尋ねたり、尋ねられたりといったように、この会議では何かを尋ねる、何かを答えるといったことが行なわれるのです。

学校の職員会議の第一部である教育職員会議は、すべての先生が自ら学びあう場でもあります。その会議では、先生たちみんなで、いろいろな教育的な課題を力をあわせて学びます。そのあとに開かれる事務的職員会議では、学校内の事務的な用件について話します。校長先生も教頭先生もいないシュタイナー学校では、それぞれの先生が学校運営にたずさわる必要があります。先生たちは一年間の行事計画や転入生、学校の近くの通路の整備、父母会の連絡、備品の問題など、学校内のいろいろなことについて、この職員会議で話しあうのです。また、すでに終わった行事について改善すべき点やよくできた点をふりかえり、これからの行事についてのアイデアや日程を考える上での参考にします。この職員会議では、自分の社会的能力を鍛えていくこともできます。教師である私たちは、人間関係をつくるための社会的能力を子どもに求めますが、子どもに求めるのであれば教師自身もその能力をみがいていかなければなりません。職員会議でできる社会的な人間関係の取り組みとしては、たとえばお互いの意見に耳を澄まし、相手の発言を受け止める練習、いきなり言い換えたり先入観で決めつけたりせず、他の人の発言や報告を素直に受け入れる練習、自分の意見を言うタイミングをはかる練習などがあります。その件については自分がいちばん詳しいからといって何度も手を挙げて自分の意見ばかり言うようでは、社会的な関係をつくってはいけません。他人の意見を聞き、興味を示すことが大切です。また、何でも自分がいちばんよく知っているように見せびらかさない姿勢もここで学ぶことができます。

次に開かれる「学校指導職員会議」（シュタイナー学校の先生のあいだでは「内部職員会議」といわれています）では、学校の重要な要件について協議されます。たとえば新任の先生が一年を終えるころになると、先生たちが集まり（当事者は抜きで）話し合いがもたれます。そこでは、新任の先生が学校で今後も授業を続ける力があるか、辞めたほうがいいかを協議します。つまり、学校の運営上、その将来を左右する大きな責任がある決断が、この学校指導職員会議で下されるのです。

シュタイナーは、シュタイナー学校の職員たちが協力しあい、それぞれが同じ責任をもって学校をつくっていく上で、実際の学校運営にたずさわることがとても大切だと言っています。それは、とても高い理想を先生に要求する言葉でもあります。つまり、先生は授業をつくる以外に、学校という大きな社会的な場をつくることを要求されているのです。自分の授業だけでなく、学校運営のあらゆる面に気を配り、ともにつくりあげていくためには、それぞれの先生のいっそうの努力が必要になります。その実現に向け、シュタイナー学校の先生たちは、一人ひとりが自分の力をつくして努力しています。この課題は、ピラミッド的な人間関係に甘んじることなく、一人ひとりが責任をもち、他人に依存せず、積極的に行動し、お互いに分かりあっていくための課題です。先生たちは、それがとてもむずかしい課題であることを体験するのです。

クラス担任の先生にとっては、どの職員会議にもとても大きな意味があります。なぜなら、ほかの学年が取り組んでいることや、彼らの課題を把握することによって、学校全体とより深くつながるとてもいい機会をもてるからです。たとえば、上級学年（九～十二年生）の先生に、上級学年のクラスで起きている出来事を聞いたりするうちに、それらの学年の先生と親しくなることができます。そして、彼らと一緒に、そういった問題と取り組むことができるのです。そういった体験を通して、担任の先生はどんな些細なことでも、学校のすみからすみまで把握している先生、学校に対して本当に責任を負っている先生として子どもの前に立つことができます。担任の先生は職員会議を通して他の職員一人ひとりを把握し、感じ取り、学校全体と内的につながります。それは、それぞれの先生たちの心のなかに、学校という生命が生きているようなものなのです。

第9章　三年生

「ルビコン」を渡る

三年生になると、クラス担任の先生だけでなくほかの先生たちも子どものふるまいやしぐさがどことなく変わったことに気づきます。シュタイナーは、九歳の子どもの状態を「ルビコンの時期がやってくる」と表現しています。これは、かつてシーザー王［紀元前一〇〇～紀元前四四年、自分の権力を強引に広めようとしたところから、西欧では権力の象徴とされる］が「賽《さい》は投げられた」と言った言葉のごとく、北イタリアの小さなルビコン川を渡り、本当は向かうべきでないローマへと遠征し、自分の領土を拡大しようとした、その決定的な川に由来しています。ルビコンを渡るという言葉は、ある決定的な一歩を踏み出すことのたとえでもあります。つまり、九歳の子どもは自分の一生の進路において、決して引き返すことができない決定的な一歩を踏み出す時期にあるのです。子どもたちは、まったく新しい世界との関係をつくりあげる上で、とても重要な過程を迎えています。この時期に、子どもは本当に大きく変化するのです。ヘルマン・コェプケ氏は、『9歳児を考える』という本のなかで、とても詳しく九歳の子どもの様子を書いています。[24] この時期、ある意味で、子どもは「楽園」から追放されます。子どもたちは、「地上」に向かって、まったく新しく進んでいかねばなりません。この時期から、子どもたちは担任の先生に対して敬語を使うようになります。そして担任の先生の深い考えを無意識にくみ取ろうとし、いろいろなことを試します。たとえば、生徒たちは担任の先生の個人的な出来事に急に興味を抱きはじめます。自分と他人という新しい境界ができ、新しい関係がそこから始まります。自分と他人との新しい関係を、子どもは独自のやり方でつくりあげようとするのです。

私の体験をお話ししましょう。ある日の午後、二人の女の子が、突然私の自宅にやって来ました。きっと、急に先生を訪ねてみようと思い立ったのでしょう。しかしその時点では、訪問して何をするのか、考えていなかったようでした。一人はとても活発でおしゃべりが大好きで、もう一人はとても控えめでおとなしい子どもです。彼女たちは呼び鈴を鳴らし、玄関に出た私にていねいに明るくあいさつをすると、それきり黙って突っ立っていたのです。そこで、彼女たちに、「先生がどんな家に住んでいるか見たかったんだね」と尋ねてみたところ、二人は本当に素直に「そうです」と応え、沈黙から解放されたようでした。私は「家のなかでお茶をごちそうしよう」と言ったのですが、彼女たちは断りました。先生が住んでいる場所を見てみたいというひそかな期待は、彼女たちにとっては発見のための旅だったのかもしれません。

子どもたちのなかには、突然批判的になったり反抗的になる子もいれば、引っ込み思案になる子も現われ、いずれにしても以前のように先生になついてこなくなります。けれど、だからといって私たち大人が心配する必要はありません。三年生の父母会で、担任の先生が、世界とのまったく新しい関係を子どもがつくっていく九歳のルビコンの意味や、まったく新たな意識が子どものなかに生まれることを話し、親たちはその時期の子どもについての自分の経験を話しあうことによって、お互いの経験を共有することができ、子どもに対する理解力を養うことができるからです。

担任の先生は、それまでは休み時間になるとブドウの房のように自分に群がってきた子どもたちが、目の前を素通りしていく意味を学ぶ必要があるでしょう。子どもが自分のそばにくるよう強要してはいけません。なぜなら、九歳の子どもにはもうふさわしくないからです。教育において今までの習慣を変えることは、より大きなものを獲得できることを意味しています。このルビコン川の渡り方は、一人ひとりの子どもによってまったく違います。その時期が早いか遅いかも、子どもによってまちまちです。子ども時代の一部が、このルビコンの時期をもって終わります。そして、目を輝かせて童話を聞いていた時期から子どもたちは去っていきます。シュタイナー学校のカリキュラムでは、この時期の子どもの心の発展を考慮し、授業によってサポートするのです。

旧約聖書の授業

シュタイナー学校では、三年生のお話のテーマは旧約聖書です。では、前節で見た子どもの心の成長と旧約聖書のお話には、どのような関係があるのでしょうか。

中心授業の終わりの部分で、担任の先生は生き生きとした旧約聖書のお話を子どもたちに聞かせます。また、三年生のはじめのエポックでは、むずかしいテーマですが、神による世界の創造とアダムとイブが登場する旧約聖書の創世記のテーマが取り上げられます。担任の先生の多くは、創世記にかかわるテーマをあらゆるエポックで取り上げます。子どもの心に生き生きとイメージが浮かぶよう、この世界が創造された壮大な様子を、子どもたちに語り伝えるのです。現代の自然科学を学んだ担任の先生は、シュタイナーによる精神科学[訳注3]（霊学）的な解釈を通して、創世記の物語と自分とを関連づけていくことができます。創世記には、楽園で生活していた最初の人間が最終的には楽園から追放される様子が描かれています。それは、まさにこの年代の子どもたちの内面の状態を表わしているのです。楽園を追放された人間は、住む家を自分で建て、自分で農耕をして収穫をし、パンを焼き、そのためにさまざまな道具が必要になることを学ばねばなりません。

旧約聖書のなかには、古代の人類の流れのなかで、神の教えに導かれる民族の物語が出てきます。それは私たち人類が発展する上での最初の段階といえるでしょう。子どもたちは無意識のうちに「先生は、旧約聖書のお話を本当だと思って話しているのだろうか」「信じていないのに、話さないといけないから話しているのかしら」という疑問を抱きます。その問いは、先生の良心にかかわります。ここで助けになるのは、担任の先生がシュタイナーの精神科学と取り組むことです。シュタイナーの精神科学を通して、担任の先生は旧約聖書の深い意味に取り組み、旧約聖書の物語が何を意味しているのか自分自身で探究することが大切です。昔のおとぎ話と同じようにして旧約聖書の壮大なテーマをあつかうのではなく、人類の歴史上、本当にあった出来事として、子どもたちの前で一所懸命取り組めば、旧約聖書の深さは子どもたちのなかにごく自然に浸透します。その架け橋をつくるには、先生の真摯な取り組みが欠かせません。しかしこの精神科学の見方は、授業のなかではまったく取り上げられません。先生にとって、アントロポゾフィーの認識から精神科学に取り組むことは必要不可欠です。しかしそれは授業のテーマではありません。

シュタイナー学校の方針に批判的な人は、学校でシュタイナーの世界観を丸ごと子どもに伝えるように受け取りがちですが、それはまったく違います。たしかに、担任の先生は精神科学を学びますが、それは先生自身の深い人間観を育むためであって、授業ではいっさい取り上げないのです。

エポック授業

三年生になると、はじめて生活科を学びます。そのなかではさまざまな職人の仕事を学びます。どうしてでしょう。今まで見てきたことからも分かるように、この年齢の子どもにとって、人類が長い時間をかけて体験したことを自分も追体験することにとても意味があるからです。シュタイナー学校のカリキュラムは、一つひとつのエポック授業を通して、これらのテーマに取り組む大きなチャンスを用意しています。

子どもたちは「家づくり」のエポックを楽しみにし、「農業」のエポックにも喜んで取り組みます。また、担任の先生は、授業中にいろいろな練習をしていた二年生の授業と違って、三年生ではまったく新しいテーマに取り組めることを楽しみにしています。このように、先生も生徒も、まったく新しい新鮮な気持ちで生活科という教科に取り組めるのです。このエポックには、先生が話してくれた内容を、子どもたちが手足を使って実際に体験できるという大きな魅力があります。農業やパンづくりなど、どのエポックから始めるかクラス担任の先生が自由に決められます。しかし、どの季節に何をすればいいかについては、すでに実践した先生や経験豊富な先生にまず聞いてみるのがいちばんいい方法です。

農業のエポック―「小麦の種がパンになる」

農業のエポックについては、子どもたちの昔を懐かしむ気持ちを刺激しすぎるのではないか、とよく批判されます。本当にそうでしょうか。このとても大切なテーマを、子どもにふさわしい方法で理解させることができるかどうかは、先生の腕の見せどころです。

畑づくりのエポックについては、一年のうち、いつ行なうかが重要です。担任の先生は、どこで、いつ畑が借りられるか、だれが手伝ってくれるか、どのような道具を使えるかといったことを前もって準備しなければなりません。種がまけるのは春と秋だけですから、春か秋に畑のエポックをもってこなければなりません。

都会に住んでいる子どもたちは、パンをスーパーマーケットで買うくらいのことしかできませんから、一年を通して、小麦の種から芽がでて、収穫できるようになり、パンになるまでの過程を体験できることにはとても大きな意味があり、また必要なことでもあります。ですから、中心授業のなかで、子どもたちは土地に肥料をまき、鋤《すき》ですき、馬鍬で耕す方法や、昔は種を手でまいていたこと、もっと昔はその作業のなかで祈りの言葉をとなえていたことなど、農家の仕事についての話を聞きます。担任の先生は、どのように種から芽が出て小さな緑の植物が育つか、長く凍るような冬の夜、雪に守られることによって寒さをのりこえ、春になってようやく生長を始め、力強い茎が育ち、最終的には穂が金色になり、人間の手で収穫されていく過程や、収穫された穀物が畑で乾かされ、農家の納屋や穀物倉に保管され、脱穀され、粉ひきされる過程を子どもたちに説明します。そして最後の楽しみとして、子どもたちはパン屋さんの仕事を学ぶことができます。

生活科の授業で学んだことを、子どもたちは体験できるのです。またすべての担任の先生が農家の仕事を見たり、手伝ったりしたことがあるわけではありませんから、先生にとっても新しい体験があるでしょう。だからこそ、先生の興味も湧いてくるのです。もちろん、現代では農家でもすべての農作業を手ですることはむずかしくなってきたので、実際には機械を使うことを子どもに伝えなければいけません。また、子どもたちも、農家を訪ねた折に自分でそれらの機械を見つけることでしょう。そして、子どもが自分の手で種をまいてみて、はじめて種まきの機械がどれだけ便利か理解するでしょう。また、脱穀のために画板を使って一所懸命に風を起こし、もみがらやわらくずを吹き飛ばして実だけにする作業をしてみることによって、子どもたちはなぜ脱穀機の回転器の中で板が回転して風を起こし、脱穀する構造になっているか分かるでしょう。実際にこの二つを体験した子どもたちは、本を読んでそれに関する知識を持っている人より、脱穀機の構造についてよく理解しているかもしれません。

待ちに待った日がやって来ました。畑で肥料をやり、鋤をひき、耕し、種をまくことになりました。この授業が始まるときの子どもの喜びは言葉にできないほどで、子どもたちはとても大きな歓声をあげます。このとき、担任の先生はすべての作業について教室で子どもによく説明し、考えることができたか、とても緊張します。それが作業の出来を左右するからです。もちろん手伝ってくれる人はいるでしょうが、すべての作業がうまく運び、子ども自身が実際に体験できるようにする大きな責任を最終的に負うのは、担任の先生です。

子どもたちと定期的に畑に行き、芽が出る様子や茎が伸びていく成長の過程、夏に花が咲く様子を観察することによって、子どもたちはとても深く一年のなかの季節の移り変わりを味わい、体験することができます。このように一年の季節を体験することは、私たち現代人にとって、とても大切です。

収穫した麦を束にして積み上げ、脱穀用の道具で脱穀すると、戸外での作業は終わりです。その後、小麦がたくさんつまった袋を教室においているクラスもあります。小麦は粉にされ、小麦粉になる日まで教室におかれます。いよいよパンを焼く日がやってきました。すべての作業に対する子どもたちへのごほうびです。子どもたちはパン生地をこね、かたちをつくり、焼くという作業を、担任の先生といっしょに休みの日に行ないます。その日は、まるでお祭りの日のように子どもたちは大喜びします。子どもたちは畑づくりや、粉引き、パンづくりの作業を、自分自身の手で、簡単な方法で体験しました。それにくらべて、毎日、私たちのために働いているパン屋さん、粉ひき屋さん、農家の人の手は、なんとたくさんの仕事をしてくれているのでしょうか。このエポックを終えると、たくさんの人が来る日も来る日も私たちのために働いてくれているといった感情が、子どものなかに目覚めます。子どものなかに、パン屋さん、粉ひき屋さん、農家の人たち、そのほかたくさんの職人に対する感謝の気持ちが生まれます。そして、麦の種をすくすくと育ててくれた太陽や、目に見えない崇高な力に対して、心から深い感謝と畏敬の念が湧いてくるのです。

子どもたちとさまざまなイメージを使って大地を耕し、種まきをし、成長する過程をたどり、実り、収穫、納屋に貯蔵するまで、順を追ってエポックを深めていくと、人間の成長を作物が生長する過程になぞらえることができます。農家の人が先生や親だとすると、種子は子どもたちです。どの担任の先生も、すべての子どもの魂のなかで、霊的で崇高な力が芽生え、すくすく育ち、よい実を結び、豊かな収穫をもたらすよう、心から祈るでしょう。一年の季節の流れと人の一生の流れはよく似ています。農業のエポックは、ただ昔を懐かしむだけの意味のない授業ではなく、この年代の子どもたちにとってとても大切な授業であることがお分かりいただけたことと思います。

職人と家づくりのエポック―仕事のなかの職人たちの手

農業のエポックでは、おもに農家、粉ひき屋さん、パン屋さんの仕事に取り組みました。次のエポックでは、ほかの職人の仕事に注目します。担任の先生は、まず子どもたちと見学できる職人の工場やアトリエを探す準備をはじめます。そして、できるだけ長く子どもたちが作業の様子を見学でき、子どもたちにいろいろ教えてくれる職人を探します。子どもたちほど感動して、見たり聞いたりする見学者はいないでしょう。なかには、気前よく、子どもたちに実際に作業までさせてくれる職人もいます。

小学校に入学した日、子どもたちは、先生から手がどれだけいろいろな仕事ができるか、どれだけ勤勉かといった手のとても大切な意味を聞きます。今度は、仕事をしている職人たちの手を見ることができます。子どもだけでなく、担任の先生も、鍛冶屋、ガラス職人、大工、左官、家具職人が見せてくれる職人の技に大きな関心と驚きを持ちます。

私は、伝統のあるパン屋さんを子どもたちと訪問したときに出会った一人の職人のことを今でもよく覚えています。その人は、十人ごとのグループに分かれた子どもたちといっしょに、パンの生地を三つ編みのように編んだり、渦巻きパンを作ったり、ブレーツェルという生地を編み込んだパンを作業台の上でつくりました。つまり、お店で売るパンを子どもといっしょに焼いたのです。彼はパンの材料についてとてもくわしく説明し、書き記してくれました。そして、小さな見習い職人である子どもといっしょに大量の生地をこね、大きな作業台の上でどのようにしてさまざまな種類のパンを手でかたち作るのか教えてくれました。とくにブレーツェルができる様子に、子どもたちはとても驚きました。その職人は、前もって子どもたちにその作業の様子をよく見るようにいい、私たちもしっかり見ていたのですが、生地の一部を切りとり、手のひらでボールのように丸めてから長いウィンナー状（真ん中が太く、端が細い）に引き伸ばし、最後にその両端を手でつかんだ彼が「ここから気を付けて」と言うやいなや、稲妻のような早さで空中でその生地を回転させると、次の瞬間、目の前にできあがったパンが置かれたのです。見事な早業です。子どもたちから拍手が起きました。子どもたちはごく自然に、自分もあのようにできたらいいなあと思うようになります。どの子どももパンづくりの作業を熱心に職人に教わり、根気強くくりかえしました。そして、こんがりときつね色に焼きあがった渦巻きパンや三つ編みパンを、子どもたちはありがたく受け取りました。けれど、あのブレーツェルの形だけは、だれも完成させることができませんでした。

図5　ブレーツェル
（郁文堂　独和辞典より）

子どもたちは、また別の職人と出会うことができました。次の職人の手も、私にとって決して忘れられない経験になりました。私の生徒は、見学をするとき「先生もやってみて」と職人たちの仕事を私がやってみるようにいつも要求しました。そこで彼らは、私の手がいろいろな職人の手と比べて器用ではないことに気づき、職人やその下で働く見習い職人に対して大いなる尊敬の気持ちを感じたのです。さきに見たパン屋さんでは、子どもたちは夢中になりすぎて、「先生、ブレーツェルを作ってみてよ」と言うのを忘れてしまいました。もちろん、私にとっては幸運なことでした。

家づくりのエポックでは、先生も生徒と同じように今日でもたくさんの職人が共同で家づくりをしていること、お互いの仕事が深く関わりあっていることを学びます。これはとても重要な学びの要素です。もちろん、子どもたちに昔の家と今の家はどれだけ違うか、民族によってどれだけ住み方が違うかといった家づくりの歴史を話すこともできます。子どもたちは、今日、家がどのようにして建てられるか、家の建築にかかわるすべてを学びます。それから、やっと小さな家を作ることを許されるのです。それはほかの芸術作品とともに、教室のなかに展示されます。

担任の先生は、機会があれば、子どもたちを左官や煉瓦を積む職人のところに連れていき、建設作業の一部を体験させてみるのもとてもよい経験になるでしょう。子どもたちは、自分でやってみて、とても感動し、喜ぶでしょう。すべての子どもが煉瓦職人の指示にしたがって鉛直を決め、石をいくつか積み上げることができればすばらしいでしょう。もちろんその場合、建物のなかで少しくらい斜めになっても支障のない場所の石を積み上げればよいのです。

もし学校に増改築の予定があれば、さまざまな建設の段階を観察するとてもすばらしい機会が得られます。子どもたちの親や学校のそばに住む人に、家を建てる様子を見せてもらえることもあるでしょう。そこで、子どもたちは授業で聞いたことを体験できるのです。また、とてもおもしろい計画として、石焼きがまを作ってみてはいかがでしょうか。もし学校に石焼きがまがなければ、腕のよい職人に助けてもらって石焼きがまを作り、実際にそれを使ってみることはとてもすばらしい体験になるでしょう。

生活のなかの算数—生活力のある子どもを育てる

三年生の算数や計算の授業では、どこに新しい重点がおかれるのでしょうか。子どもたちはこれまでに四つの基本的な計算の方法を練習し、ひと通りできるようになっています。三年生では、自分が学んだことを日常生活の場で実践してみることを重視します。

しかし、最初に取り扱うのがお金にならないよう、担任の先生はまず重さを使う計算からはじめます。現代の子どもたちは、デジタルの計量器でとても正確な数字を見ることができます。しかも、スーパーマーケットにある計量器などでは、品物をのせるとその名前、値段、重さが、すぐにシールに打ち出されます。ここには、子どもたちが実際に測ってみる過程がまったく存在しません。こんなときは、古い計量器（理科室にあるかもしれません）を、教室で使ってみるといいでしょう。子どもたちと実際に天秤の片方の皿に果物を、もう一方に重りを乗せて、重さを測ってみます。子どもたちといっしょに重りの重さを足すときに、足し算の練習もできます。授業のなかでは、果物より大きいものも計ります。この場合、とても多くの重りが必要になり、数の多い足し算ができますが、子どもたちは教室でそのすべてを「見る」ことによって、測りに対する感覚が養われるのです。子どもたちは、現代のデジタルの計量器についてもよりよく理解できるようになります。なぜなら、子どもたちの重さと数についての感覚が天秤の授業によってはっきりと育っているからです。

お金の取り扱いについては、子どもが一度はすべての硬貨とお札をよく見て、描き写してみることが大切です。私が教えた二人の生徒は、自分の父親に、数時間の授業で使うためだけに、高額紙幣の五百マルクと千マルクを、銀行に取りにいってもらいました。なぜなら、すべてのお札を描き写したかったからです。私は、生徒たちに、どのようにおつりをもらい、両替をするか話しました。また、レジでお金を払うときにはどの硬貨を払えばいいか、きちんと支払いができるようになる練習など、簡単な買い物の計算を子どもたちといっしょに練習しました。

次に、実際の長さを測ることが三年生の算数のテーマになります。多くの担任の先生が、かつて人間の「手」「足」「尺骨［ひじから手首までの骨］」が長さを測る上で大きな役割を果たしていたころの測り方から授業をはじめます。そして、クラスにあるすべてのものを同じような方法で測ります。すると、一人ひとりのからだの大きさが違うので、決して同じ結果が出ないことに子どもたちは気づきます。たとえば、尺骨がクラスでいちばん長いのは先生です。次に、子どもたちは現在一般に使われている定規などの測りに取り組み、宿題として家でいろいろなものをとても正確に測ります。また、一キロメートルの距離を正確に知るために、子どもたちは実際に回転数によって距離を測る車輪式距離測定器［車輪の軸に輪転の長さを示す表示器を連動させた装置で、測ろうとする長さに沿ってこの車輪を回転させると正確な距離が測定できます］をもって、「一キロメートルの遠足」をします。そして、実際に一キロメートルの距離を歩いてみて、どれほど遠くまでいかなければいけないかを知り、驚くのです。これらの長さや重さの単位はすべてノートに記録され、暗記して学ばれます。授業では、子どもたちはメートルをセンチメートルに直すような簡単な換算の練習もします。

時計を使った計算は、三年生のとても重要なテーマの一つです。職人のエポックをきっかけにして、私はかっこう時計の材料を準備し、自宅で「時計職人」のように時計をつくる練習をし、子どもたちが見ている前で組み立てて見せることに挑戦しました（それはとても簡単な構造の時計で、かっこうが十五分ごとに鳴く仕組みになっていました）。しかし、生徒が本当に注目すべきことは、時計の針がどのようにして進んでいくか、針をじっくり見ることです。最近の子どもたちは、幼いころからデジタル時計の数字を読み取ることができます。しかし、そこでは時間に対する感覚はまったく育ちません。ある生徒が教室の掃除をしているとき、私がつくったかっこう時計を落としてしまいました。そこで、父親たちがとても精密な機械を用意して、この時計を修理しました。それはかっこうが一時間ごとと三十分ごとに鳴く時計です。私のクラスの生徒たちは、シュタイナー学校を卒業する十二年生（高三）になるまでずっとこの時計を使っていました。いわば、かっこう時計が学校生活という「旅の道連れ」になったのです。それは先生にとっても同じです。いま現在、時間がどのくらいたったかいつも分かるのはとても便利でした。授業中に自分の腕時計を見て時間を気にする必要がなくなったからです。ただ父母会のときだけは、午後九時にかっこう時計が鳴ると、親たちはきまって笑いだしました。なぜなら、七時半ごろからはじまる父母会はいつも長引き、十時になっても終わらないこともあるので、「もう終わりにしたい」と思う親の気持ちを代弁してかっこうが九時に「時間ですよ」と鳴いているように聞こえるからです。それ以外のときは、まったく邪魔にはなりませんでした。時計を使って計算の授業をする場合、子どもといっしょに登校するためにかかる時間を計算することもできます。学校までの距離をもとに、すべての子どもたちが、ほかの子どもが登校するためにかかる時間を計算し、その大変さを追体験できるからです（シュタイナー学校は私立なので、とても遠くから通ってくる子どもがいるのです）。

担任の先生は、三年生の算数の授業のなかで、さまざまな具体的な生活のなかに身を置き、それに応じて自分で課題を探し出すことを通して、子どもたちが生活にあった計算を進めていけるよう指導をします。先生がそのための材料をたくさん見つけるほど、生徒たちが生活力のある人間に育っていく機会が増えていくのです。

国語の授業の新しい展開

はじめての文法

担任の先生は、国語（ドイツ語）の授業のなかでも、子どもたちの心の成長の状態を考慮します。ルビコンを通りすぎていった子どもたちは、まわりの世界とまったく新しい関係をつくりはじめました。自分が今まで使ってきた母国語に対しても同じです。子どもたちのなかに、母国語の文法のエポックを学ぶための可能性が芽生えるのです。

文法のなかでも、大きく分けてとくに次の三つの言葉の種類を学びはじめます。「行動する言葉（動詞）」を子どもたちと探すとき、子どもたちは自分のいつもの行動や、以前のエポックで体験した職人たちが使う動きの言葉など、いろいろな動詞をとてもすばやく見つけます。なぜなら、それらの言葉は手を使った作業を通してすでに子どものなかに浸透しているからです。担任の先生は、子どもたちとさまざまな動詞を数えていくなかで、子どもたちが何でもすぐに行動したいという気持ちをもっていることを感じます。そして、特別な言葉の場合、子どもたちはほかの子どもが自分の好きな動詞を言わないよう、競争します。たとえば、誰かが「スキップ、走る、口笛を吹く」と言いだすと、すぐにほかの子どもも自分の好きな動詞をいくつも続けて言いだします。もちろん、これらは動きを表わす言葉ですから、子どもたちはむずむずと動きだしたくなり、教室がざわざわし、騒がしくなる場合もあります。

ここが先生の腕の見せどころです。たとえば、そんなとき、先生が動きの少ない静かな動詞である「座る、落ちつく、寝る」などと大きな声で言うと、この魔法の言葉によって立ち上がって騒いでいた子どもたちが自分の席に戻ってきます。そして再びクラスが静かになるまで待つわけです。このように、活発になり外に向かって動いたあとは、落ちつき、静かに席について作業をするのです。この動きと静けさ、集中とリラックスが、まるで息を吸ったり（集中）、吐いたり（リラックス）する呼吸のように交互にあらわれる授業が、芸術的な授業なのです。

正反対の「頭の言葉（名詞）」と取り組むときに子どもたちが選ぶ言葉は、動詞のときとはまったく違います。子どもたちは、自分が見たり考えたりしたすべてのものの名前を静かに言います。また、名詞を取り上げる場合は、動詞のときのようにからだがむずむずしたり、立ち上がったりするような動きは子どものなかには生まれません。

「どのような言葉（形容詞）」の場合は、子どもは動詞と名詞の中間の反応を示します。一人が「大きい」と言ったら、ほかの生徒がすぐにその反対の「小さい」と続けます。そのほかにも、たくさんの反対の意味の形容詞を取り上げることができます。

この三つの言葉の種類を話すことが、文法のエポックの最初になります。ここでは、まず子どもたちに、無味乾燥に見える文法に対する興味をもたせるようにつとめます。時間がたつうちに、子どもが楽しく文

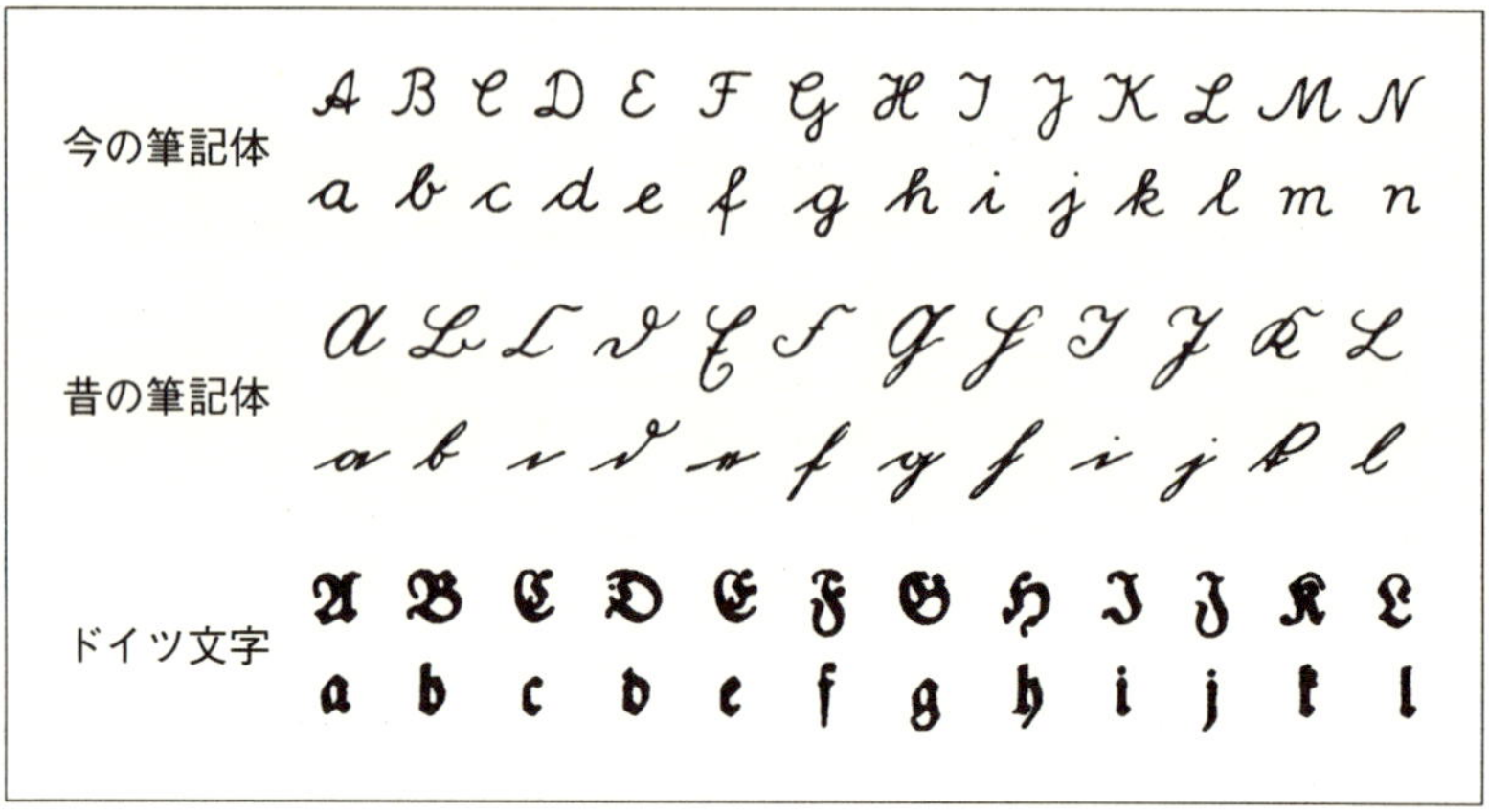

図５　ドイツ語の字体（郁文堂　独和辞典より）

法を学ぶことができるようになることが何よりも大切です。なぜならば、子どもの自我の発達にとって、文法とうまくつきあっていくことには大きな意味があるからです。

筆記体とドイツ文字

二年生で筆記体を習ったばかりの子どもたちが、今年また新しい文字を習うことに驚く人がいるかもしれません。しかも、それは今日すでに使われなくなったドイツ文字です。しかし、ここには深い意味がこめられています。それは、子どもたちの文字の書き癖が固まる前に、できるだけたくさんの種類の文字の書き方を習うということです。それぞれの字体はまったく異なる形をしており、手の動かし方も書体によって変える必要があります。字体ごとに紙の上で手をさまざまに動かすことによって、子どもの手は柔軟になります。子どもは、そこで母国語（ドイツ語）の字体の多くの可能性に気づきます。

担任の先生は、ここでもとても興味深い課題にぶつかります。なぜなら、先生自身もこの書体を時間をかけて練習し、書体に対する理解力を養わなければいけないからです。しかし同時にある発見をするでしょう。古いドイツ語の筆記体は、私たちがふだん使うドイツ語の筆記体とは違って、角張った感じを受けます。また、よく見なければ書けません。なぜなら、まったく書き慣れていないからです。そして、しばらく古い筆記体を学んだら、ふたたびふつうの筆記体に戻ります。このとき、子どもたちはまったく新しく筆記体を体験し、以前より意識的に文字を書くようになるでしょう。

シュタイナー学校では、三年生の終わりから四年生のはじめにかけて、子どもたちと「ドイツ文字」と呼ばれる、昔の本で使われた文字を学びます。ドイツでも現在はこの文字を読めない人がたくさんいます。たとえ読める人でも、読むのは楽ではありません。このドイツ文字を学ぶときに、子どもは太い万年筆とインク、または太い鉛筆の扱い方を学びます。ドイツ文字はとても印象的で、字そのものが装飾されているように見えます。この書体を忘れずに、のちに自分のエポックノートのタイトルや見出しをドイツ文字で書く子どももいます。

さきほど述べた通り、このあとの学年でも新しい文字に取り組みます。たとえば、ほかの民族の特徴などを知るために、その民族が使う文字を実際に書いてみるのです。先生は、古代ゲルマンのルーンという長編詩の最初の部分をルーン文字で書いてみたり、エジプトのヒエログリフ、ヘブライ文字（三年生では、最初の聖書のタイトルを書くときに使うこともできます）、筆で書く中国の文字などの見慣れない文字について子どものために研究し、ほかの民族を知るために書いてみることがとても大切です。また、この作業に対する興味を覚えた先生が、内容をさらに発展させ、子どもに伝えることもできます。ここで非常に大事なのは、先生がほかの民族の文字を学ぶにつれて先生自身が「文字を美しく書く」ことを大事にするようになり、その結果として生徒たちも文字を美しく書くことを重視し、ていねいに書くようになることです。先生は、子どもが文字を美しく書くことについて、いつも注意する必要があります。

自分の言葉の意味を知る

担任の先生は、子どもたちが一年生のときから、美しく聴き取りやすい発音を心がけることが大事です。子どもたちはとくに担任の先生の話し方をまねしますから、担任の先生の話し方がとても重要なのです。先生がお話を聞かせたり、韻を踏んだ言葉や詩を話したり、クラスの劇の台本を子どもの前で読んでみせるとき、子どもは先生の言葉の非常に繊細なニュアンスまで聴き取り、それをまねします。

担任の先生は目標を持って、できれば「言語造型」[訳注4]の先生の力を借りて、自分の話し方をつくっていく必要があります。朝のリズムの時間に、子どもたちとさまざまな言葉の発音を何度もくりかえして練習するのはとてもいい機会です。家でaを多く含む言葉の発音を練習している先生は、たとえば**Abrakadabra, Rabadakabra**といったaを含む言葉を子どもたちと練習することによって、自分も練習できるし子どもたちの練習にもなります。完璧な話し方などありません。生徒のために聴き取りやすく、はっきりした話し方をするだけでなく、その詩の雰囲気や情緒が上手に表現できるよう、子音や母音を意識して話すと同時に間の取り方にも気を配り、単調にならないよう、美しく感情をこめて響きのある芸術的な話し方をつくりあげていきます。言葉は情報を伝えるための手段であるだけでなく、本当はいのちのこもった尊い、崇高な力が宿るみずみずしい芸術でもあります。子どもがすくすくと健全に育っていくためには、植物に水をやるように心のこもった美しい言葉をかけることが大切です。

一、二年生で、多くの子ども用の詩や、わらべ歌、さまざまな詩、季節の言葉、指遊びの歌、クラスの学芸会の台本などを暗記して学ぶことを通して、担任の先生の記憶力は鍛えられていきます。三年生になると、職人の歌、農民のことわざ、旧約聖書の雅歌を子どもたちと一緒に朗誦します。

三年生で大切なことは、子どもたちが韻やリズムといっしょに詩の内面的な美しさを感じ取り、それに対して心を開いていくことです。もちろんこのあとの学年でも、一人ずつ、またはクラス全体で定期的に練習することによって言語の発達をうながし、詩を朗誦できるようになる必要があります。

正字法の意識的な練習と実践は、三年生のこの時点から始まります。しかも、それは正確に「聞く」ことを通して行なわれます。一つひとつの音や一つひとつのアルファベットを子どもが本当に正しく理解するためのいちばんいい方法は、先生が生徒の前でしっかりした言葉を話すことです。その点からも、担任の先生が自分の発声について学ぶことは絶対に必要です。子どもたちは、日常生活や家庭のなかで、今まで聞き取れなかった言葉を先生にたずねます。先生がそれらについても取り組めば、子どもは家族の会話を注意深く聞くようになり、家で親と話すときにも意識的に言葉を選ぶようになります。いろいろな言葉に対して意識し、注意深くなると、子どもはうれしくなり、いつも正しい書き方やつづりで文字を書くようにしようと思うようになります。

職人がさまざまな道具を使うように、先生も道具を持っています。それは自分の言葉です。職人が使う道具は、十分な手入れをしなければいけません。同じように、先生も自分の道具である言葉に対する手入れをおこたってはいけません。すばらしいことに子どもがその手助けをしてくれます。子どもたちは、先生自身と同じように先生の話し方も信頼し、先生とまったく同じようにその話し方を鏡に映すようにまねて話します。それを聞き、先生は自己教育の必要性に目覚めるのです。

月例祭

子どもたちがある時期、中心授業で取り組んだ詩や韻を踏んだ言葉、朗誦、小さな劇などを、講堂で発表することができます。この月例祭（かつては毎月行なわれていました）は、残念ながら今日では毎月開く学校は少なくなり、一年に四回開く学校が多くなりました。最初のシュタイナー学校が設立された当時は、役所の規定により一カ月に一日の休日があったため、この日にお互いの授業での取り組みを発表するための月例祭ができたわけです。

この月例祭では、クラス担任だけでなく専科の先生によるさまざまな発表も見ることができます。自分のクラスの子どもたちといっしょに舞台の上で発表する先生はだれでも、この緊張し、どきどきする感覚を知っています。発表の直前になると、子どもたちが先生に同じことを言います。もちろん授業で取り組んだことを発表すればいいのですが、発表するからにはしっかりとした表現力が育っていなければいけません。なぜなら、月例祭が開かれる講堂にはとても批判的な聴衆が座っているからです。それは生徒たち自身です。

月例祭がはじまりました。クラスの子どもたちは舞台に上がり、担任の先生がその前に立ちます（その前に、子どもたちが壇上に整列しなければいけません）。子どもたちの苦手なところをすべて知っている先生は、子どもたちといっしょに発表がうまくいくように祈ります。その瞬間、先生と子どもとは特別なかたちで結びつくのです。お互いがかかわりあっていること、頼りあっていることを体験できます。先生が発表のはじめのあいさつをしたあと、いよいよクラスの発表です。そして、とても緊張して発表しおわったあと、生徒は先生の目を見ます。そのときの子どもたちは、先生にとてもうまくいったとほめてもらうことや、みんながとても満足していることを願う目をしています。

この月例祭が、広く親たちや外部の人を招いて行なわれるときは、お客さんからとても優しく心のこもった大きな拍手をしてもらうことができ、先生も生徒もとても喜ばしい気持ちになります。この機会に、親たちは「自分の」担任の先生と子どもたちとの取り組みを見ることによって、その様子を詳しく知ることができます。そしてしばらくたつと、かならずほかの発表と比較されることになります。職員や親たちがクラスの特徴に気づき、「駐車場」や「職員室」などで、「マイアー先生のクラスはこれが特徴的ね」「ミューラー先生のクラスの特徴はこれとこれ」といった具合に比較されるのです。もちろん人々が「クラスの個性」について話すことは自然なことです。評価されることを避けることはできません。ただし、発表がどれだけすばらしくとも、教育的な効果があるかどうかは一概には言えません。それを判断するには、自分の物の見方や判断の基準をしっかりもつ必要があります。たとえば一見とてもひかえめで、大きな拍手は得られない発表であっても、非常に困難な課題に取り組んだ発表である場合もあるかもしれません。それを見分ける必要もあるのです。

担任の先生は、このような月例祭のときにほかのクラスの発表を見ることによって、とても興味深いさまざまなアイデアをこれからの自分の仕事のために取り入れることができます。ほかにも、専科の先生に率いられた自分のクラスの子どもたちが、舞台の上で朗誦したり、歌をうたったりする様子を客観的に見ることもできます。

発表が成功したら、月例祭のあと、子どもたちは満ち足りた表情を浮かべます。とても魅力的なのは、学年末にこのような月例祭をすることです。そうすれば、月例祭をすべてのまとめの場とすることができます。子どもたちが低学年の発表を見ることで自分が歩んできた学びの道をふりかえり、上級学年を見ることでこれから学んでゆく道を知ることができるからです。これまでの学びをふりかえったり、自分たちの未来を知ることによって、子どもたちは自分の未知の可能性に出会っていくのです。

第10章　四年生

子どもの内面の変化

三年生のうちに、子どもたちはルビコンを乗り越えます。担任の先生は、シュタイナー学校の授業のカリキュラムを通して、子どもの内的な変容にかかわってきました。四年生で大切なことは、三年生のときに変わりはじめた子どもたちを、授業での取り組みや先生の態度で勇気づけ、力を渡し、彼らの変化を最後まで助けてやることです。それによって、子どもたちは先生に内的に認められ、受け入れてもらえたと感じることができるでしょう。

最初の子ども時代は、すでに過去のものになりました。子どもの感じ方が変化してきたのです。その変化は、子どもが親や教師、友だちと、今までとは違った関係を持つことによって、はっきりと分かるようになります。

物語について—ゲルマン神話と「エッダ」

この学年の中心授業の終わりでは、ゲルマンの神々と英雄の神話が話されます。この壮大な神話の授業準備を通して、担任の先生は子どもたちがどれほどすさまじい神話のイメージを体験することになるか分かります。これらの神話は、霊的で神聖な叡智の泉から湧きだしたものです。ゲルマン神話の霊的な背景についても、先生は授業の前に取り組まなければいけません。メルヘンの理解力について話したときと同じように、すべてのメルヘンは人間と精神世界とのつながりと人間の内的発展を表現しています。アントロポゾフィー（人智学）をもとにした先生の取り組みにより、メルヘンのもつ深い意味が分かります。たとえば、シンデレラの物語では、シンデレラはいろいろな困難を乗り越えていく人間の魂の象徴であり、継母や義理の姉たちは人間の魂に修練をもたらす悪の要素、王子は人間のなかの高次の自我で、シンデレラが王子と出会うことは、魂が苦しみを乗り越えることによって浄化された高次の自我を獲得していく象徴です。先生がこれらの深い意味を心にとめて子どもたちに話していくうちに、子どもたちは物語のもつ本当の意味を無意識のうちに感じ取ることができるようになるでしょう。そうすれば、先生は子どもがその物語についてどんな質問をしても、子どもの心を満足させるような答えを返すことができるでしょう。

ここで取り上げる伝説は「エッダ」の一部です。エッダのなかの頭韻を踏んで書かれた詩は、「ジークフリート」など、たくさんの神々や恐ろしい龍の出てくる壮大なスケールの物語です。子どもたちは、四年生でたくさんのこれらの詩を知り、声をあわせて、あるいは一人ずつ朗誦します。ここで大切なのは、この詩は一般的なドイツの詩のように文末が同じ音で終わるのではなく、文のはじまりが常に同じ音ではじまる「頭韻」の詩であるということです。子どもが朗誦する場合、その頭韻をしっかりと強調することが重要です。この詩は、リズミカルではなく、最初の音を非常に強調することによって迫力のある強いアクセントをつけることが特徴なので、担任の先生のなかには子どもたちが頭韻を読むたびに足をしっかり踏む（しかし、足でドンドン床を踏み鳴らしてはいけません）先生もいます。毎年このゲルマン神話を学ぶ時期になると、四年生のクラスは、学校中に聞こえる地震のような地ひびきをたてます。ですから、階段や廊下を歩いていても、四年生のクラスがどこにいるかすぐに分かります。ゲルマン神話の頭韻の詩は、強い意志を育てる特徴を持っています。大地をしっかり踏みしめ、意志の力をすみずみまでゆきわたらせるその練習が、四年生には必要なのです。[25]

エポック授業

これまで取り上げてきた子どもたちの内的な変化は、終わりに近づいています。彼らが世界をまったく新しく体験することによって、自然学を学びはじめる絶好の時期が訪れるのです。世界との新しい関係ができたからこそ、いまこの時期に自然学を取り入れなければいけません。ここで気を付けないといけないのは、子どもたちに今までのように動物たちが話しているようなお話を聞かせてはいけないということです。いま必要なのは動物がでてくるおとぎ話ではなく、自然の中や動物園で動物を観察し、体験するのとまったく同じように動物を観察することです。しかしそこで注目されるのは、それぞれの動物の特徴が、つねに人間との関係において観察されることです。担任の先生にとってこの取り組みは容易ではありませんが、とてもやりがいがあります。

人間と動物学—直立と自由になった手の課題

人間と動物学の最初のエポックについて、シュタイナーは最初のシュタイナー学校の先生にとても詳しく話をしています。この話のなかに出てきた授業の進め方は、今日でも授業を展開する上で大きな意味をもち、多くのシュタイナー学校の先生に活用されています。シュタイナーがとくにこのエポックを取り上げたことからも、四年生でこのエポックに取り組むということがいかに重要な課題か、生徒のこれからの人生のために、広くて堅牢な基礎を築く上でいかに役立つかが分かります。[26] この授業は、子どもの将来にとってそれほど大きな意味を持っているのです。

まず最初に子どもといっしょに人間を観察し、人間のからだのどこに太陽や月や惑星と共通するかたちが反映されているか子どもに説明します。このときとくに注目するのは、脚と足はからだを運び移動させるために使われ、腕と手はすべての創造にかかわるというように、まったく違う使い方をされることです。ここで子どもが学びながら感じるべきことは、人間は両手が自由になったからこそ、この地上でたくさんの仕事ができるようになったということです。一方、動物の場合、両手が自分の体重を支える手段として使われていることに注目させます。私たち人間は、手を使ったさまざまな行動ができるようになってから、道具を使うようになりました。もちろん動物の手足もすぐれた構造をもっていますが、それらは生命を維持するために必要な構造です（たとえばカエルの水かき、魚のえら、馬の蹄《ひづめ》、大きな動物の前足、猛獣の爪、犬の前足、鳥の羽）。子どもたちにリスの前足を砂漠のラクダにつけてもいいか、ラクダの足で木に登ることができるかなどとたずねた場合、子どもたちはその問いが何を意味するかすぐに理解します。その姿をイメージしただけで、そんなことはできないとはっきり分かるのです。

私たち人間が直立する意味や、手と足が対照的な使い方をされることを、動物と人間の観察を通して少しずつ子どもに理解させていくことができます。この授業で大切なのは、先生ができるだけ特殊な構造を持ったさまざまな動物を取り上げることです。すると、子どもたちはそれらの動物の特徴のすばらしい違いをはっきり見分けることができ、授業は生き生きとしたいのちあるものになっていきます。

この四週間のエポックの間に（これより短い期間でこのエポックを終えることはできません）、先生は子どもにたくさんの話をし、子どもは自分の言葉で前の授業の内容をくりかえします。そして先生が子どもからのさまざまな質問に答えたあと、子どもたちはいくつかを文章にまとめ、それに絵を添える作業をします。この時期、子どもたちが自分で作文を書きはじめていたら、授業で取り上げた動物についての作文を書かせてみます。はじめての作文の取り組みとして、このように動物をあつかう内容はとてもふさわしいでしょう（ただし、短い作文にかぎります）。

水彩画の授業でも、四年生でとくに新しいテーマが登場します。物のかたちでなく純粋に色だけをあつかう水彩から、対象物を表現する水彩に入っていくのです。そのテーマにちょうどいいのが、動物を水彩絵の具で描いてみることです[27]。ここで大切なのは動物を写実的にスケッチすることではなく、それぞれの動物の魂の様子を水彩画として表現することです。父母会に訪れた親たちは、教室の壁に飾られた子どもたちの絵の中に、青い象や牛、赤や黄色のライオン、動物と同系色の風景が描かれているのを目にするでしょう。父母会の席で、水彩画についての親からの問いに答えることによって、その絵を描いたときの子どもの状態を追体験できる機会に恵まれるかもしれません。

一般的に、子どもはこのエポックが大好きです。なぜなら子どもたちは動物が大好きで、自分から興味をもち、いろいろ調べて先生に話すからです。ここで先生と生徒の間にとてもすばらしい会話が生まれます。どの担任の先生も、人間と動物学のエポックを終わらせるのを残念に思います。なぜなら、この四週間の間に、子どもといっしょに動物の世界に深く入っていったからです。できることなら、いつまでも動物の世界にとどまっていたい気もしますが、次のエポックが「もうはじめる時期ですよ」と、担任の先生を呼んでいます。

郷土学―子どもの魂が深く呼吸するために

さて、子どもたちは内側から世界との新しい関係を探しはじめました。実際の地理的な考察を通して、自分の住んでいる郷土について取り組む絶好の時期です。そこでは、担任の先生のお話を通して、子どもたちはそれぞれの郷土について、どのようにこの町がはじまり発展していったか知ることができます。この授業は身近な「歴史の授業」と呼ぶこともできます。このエポックを通して、子どもは場所としての空間と昔から今に至る時間の二つを意識するようになるのです。

担任の先生にとっては、郷土学のエポックは授業の準備段階で、ある特別な体験になるでしょう。郷土学にふさわしい文献を扱うことによって、子どもたちは楽しみながらわくわくして郷土についての話を聞くことができます。また、子どもたちは、その日の郷土学のエポックで聞いた話を親たちに伝えるのが大好きです。担任の先生は、実際に子どもたちとその場所に行く前に調査をしておくことが大事です。そうすればクラス全員で行くときにもきちんとした準備ができます。事前調査の際、先生は現地にとても詳しい人に案内を依頼しておくこともできます。

また、このエポックでは、子どもたちが地図を読み、自分のノートや大きな紙の上にたくさんの色を使ってその地図を美しく描いてみることがとても大切です。まさにこの年で、子どもたちは正確にイメージを思い浮かべることができ、それを紙の上に表現できるようになります。例を挙げましょう。子どもたちは自分が鳥になったつもりで最初は学校をすぐ上から見おろし、最終的にはどんどん空高く舞い上がり、ずっと下を見下ろすように正確に想像できるようになります。

最初の地理の授業でのハイキングは、近くの場所からはじめます。そのときに大切なのは、道がどのように曲がっているか、家、畑、野原、牧場、森、川などが道の両側に発見できるかを観察し、見たものすべてを地図の上に描くことです。そこで、子どもたちと地図に描くことができる目印を見つけることにします。正確にまわりを観察することによって子どもの感覚が目覚め、子どもは自分の住む場所である郷土と深くつながります。それはこの地上と本当に結びつく、大きな要素とも言えます。そしてこのような取り組みを生徒と共有することにより、先生と生徒のあいだに本当に深い関係が育まれていくのです。

以上のような観点から地理的郷土学に取り組むなかで、子どもの視野は外に向かって広がっていきます。反対に、歴史の授業では子どもは内面へと深まっていくのです。これが、「呼吸するプロセス」です。地理では息を吐くように意識は外へ向かい、歴史では息を吸うように内側に深まります。この両方をすることによって、子どものなかに魂の調和が生まれるのです。

歴史──ある空間のなかでの時間の流れ

子どもたちに、郷土の起源はいつか、いつ特別な出来事が起きたのかといった時間的な経過についての正しい感覚を伝えるためには、子どもの前で黒板に年号を書き、それを覚えさせることはまったく意味がありません。シュタイナーは、教師たちに次のような提案をしました。それは「教室のなかで、時間の流れをはっきりと目に見えるようにする」ということです。ご承知のように、私たちは日常会話のなかで時間について話すとき、「十時五分前」「十時五分後」「ちょうど十時」といった言い方をします。それは私たちが時間の流れを、前、後、ちょうどととらえる感覚を持っているからです。

そこでクラスのなかで話をしながら、次のことに取り組むことにしました。私たちは、親、祖父母、その祖父母、さらにその祖父母と世代をさかのぼることができます。それぞれの世代は、だいたい二十五歳くらい年上ということになるでしょう。さて、シュタイナーの提案どおりに、すべての時代の先祖の年代をはっきりさせてみましょう。一人の子どもがここに現実にいるということは、クラスの子どもたち全員をその先祖と見なすと、それぞれ二十五歳ずつ年が離れており、ある子どもの隣は母親になり、その隣は祖父になり、さらにその隣は曾祖父になり、四代前の世代になると百年前に生まれた人であることが目で見てはっきり分かります。

このような分け方をしていくと子どもはとても喜ぶと同時に、世代を千年さかのぼるためには四十人の子どもたちが必要になることに驚きます。さらに世代をさかのぼるには、隣のクラスの子どもの数まであわせて考えなければいけません。

そこで担任の先生は、いろいろな歴史的な出来事について、その時代にあたる子どもの前で話します。

子どもたちは自分の番がくると何が「自分の」時代に起きたのか、楽しみに聞きます。そして、たとえば十七世紀に何が起きたか先生が話すと、その当時の祖父と父親、子どもがみんないっしょに歴史上の出来事を体験したことが分かってきます（二十五年ごとにふつう人は亡くならないので、三、四世代は重なります）。同じようにして、先生は時代を順々にさかのぼっていきます。

担任の先生にとって、この取り組みはクラスの子どもの目をほかの同級生に興味をもって向けさせ、社会性を養うための絶好のチャンスです。この取り組みでは、それぞれの子どもが自分の隣やその隣の同級生を、お母さん、おじいさんと呼ばなければいけません。そのため、子どもたちに「自分のお父さん」は誰か答える課題を与えたり、彼の「お母さん」は誰なのかいっしょに考えることもできます。その場合、子どもは自分の個人的な希望を言うことはできません。たとえばある子どもが、「いやだ。ぼくのお父さんはミヒャエルがいい」と言いだした場合、いったんそれを許すと、突然「私のおばあちゃんはカトリンがいい」「ぼくの子どもはマルコ」などと子どもが口々に勝手なことを言いだし、教室のなかは大騒動になります。しかし、先生が「クラスの共同体にとってとても大切なことは、だれとでも親しくなれることですよ」と前もって子どもたちに説明しておけば、そんなひどい状態にはならないでしょう。このように何世代も出てくる歴史の授業は、クラスの共同体をつくる上でいい機会でもあります。それまであまりかかわらなかった相手が自分の曾祖父になることである関係ができ、それによって相手のために何かを考えたり、行動できるようになるきっかけができます。また、すぐに「ぼくはこれがいい」と、自分のことだけ考えて要求する子どもに対しては、いつも自分の希望を通すことを当然と思うその子どもの態度を、先生がうまく対応することによって望ましい方向に導けば、クラスのなかから個人的な欲求やわがままは少なくなっていくでしょう。

そのほかのエポック授業

ここに紹介した二つのエポック以外にも、新しい重点がおかれたエポックとして、国語（ドイツ語）と計算のエポックがあります。しかも、この二つは、できるだけ定期的に練習できるようにならなければいけません。

計算については、数の領域がここで広がります。生徒は計算の文章問題に自信が持てるようになりました。次は分数の計算です。「ルビコン」からはじまる変化の過程にあり、自分と世界との間に内的な分裂が起きるこの時期に分数の授業をするのはとてもふさわしいことです。子どもたちの分割された数を理解する能力を見いだすことができます。それぞれの担任の先生は、その授業をいつはじめるか決めることができます。だからこそ、子どものためにもっともふさわしい分数のはじまりの時期を感じる必要があるのです。

それはすべてのエポックについてもあてはまります。なかでも文法の授業ではそれが大切です。文法のエポックはいつも四年生の終わりに行なわれますが、それは子どもが内容を十分理解できるようになるまで待つ必要があるからです。文法の取り組みでは、先生に対しても生徒に対しても非常に難しい課題があります。この授業では、自分がいつも使う母国語に対する新しい意識を呼び覚ますことが大切です。ふだん話をするときも、つねに文法が使われていることを意識することが必要です。子どもたちは、この学年で文法ぎらいにならないよう、生き生きとした方法でさまざまな動詞の活用について理解できるようになります。

四年生の終わりに

四年生の終わりをもって、シュタイナー学校の低学年の時期が終わります。担任の先生と生徒にとって、八年間のクラス担任の半分が終わるという意味でもあります。そして、先生と生徒がいっしょに今までの学校生活をふりかえることができます。子どもたちは、この四年の間に起きたさまざまなできごとを思い出します。そして、たくさんの生徒が先生と話をするでしょう。そのときに担任の先生が、忘れてはいけないことは何か、いちばん大切な出来事は何か、しっかりと子どもに意識させることが大切です。

子どもたちは一年生でたくさんの能力を獲得し、たくさんのことができるようになりました。ほとんどの子どもが読み書き、計算ができます（もちろん子どもたちのなかには、まだ十分な能力を獲得していない子どももいますが、先生はその理由を理解しています）。先生は、「とてもすばらしい成果をあげることができたね」と子どもをほめます。シュタイナー学校の生徒は、たくさんのことができるようになります。そんな生徒を、先生も充分ほめるのです。点数や通知表という目に見える評価を下さないかぎり子どもは学ぼうとはしない、という間違った認識を持つ人もいますが、シュタイナー学校の生徒たちは点数などつけられなくても大きな成果を上げます。

子どもたちはさまざまな技術を使って、多くのことをやりとげます。たとえば文字のエポックで時間をかけて熱心に取り組んだこと、ノートにすばらしい文字が書けたことなど、エポックの重要な内容を生徒が自分の言葉でまとめる課題（のちに試験の問題となります）が、中級学年になると急に増えてきます。子どもが自分でつくりあげたエポック授業のノートが、自分の「教科書」になるのです。

さまざまな取り組みの成果について、低学年の終わりに先生がそれをていねいに取り上げ、まずその成果を認めることがとても重要です。次に、改善する余地があり、その必要もあることを指摘することによって、子どもは自分が先生にきちんと認められた上で、まだ努力すべき点があることを素直に認め、これからの課題として受け入れることができるのです。いっしょにこのようなふりかえりをしたあと、五年生になってからの取り組みについて話す担任の先生もいるでしょう。担任の先生が、「夏休みを終えて、君たちがまた学校に帰ってきたら、君たちはもう低学年（一～四年）の生徒ではなく中級学年（五～八年）の生徒なんだよ」とお別れのときや最後の授業のときにいうと、子どもたちの目のなかには新たな自信が湧いてきます。

第11章　授業の準備

新しい学年に向かって

中級学年になると、クラス担任の先生にとっては低学年のとき以上に毎年新しい授業の分野が増えていきます。そのため、夏休みには長い時間をかけて授業の準備をする必要が出てきます。夏休みがはじまる前に関連する資料や本を図書館から借りる先生や、夏期休暇の旅行先にまで興味のある本を持っていく先生もいます。たとえば、最初の歴史のエポックではさまざまな古代の文化や当時の人々の生活ついての膨大な資料が必要となり、たくさんの文献を読まねばなりません。もちろん、それはとても楽しいことでもあります。夏休みのあいだ、旅の移動の途中や一息ついたときにその本を読んだりして、わずかの時間の合間をぬって先生は少しずつ授業の準備を進めます。だからといって、一人で本ばかり読んで、家族につまらない思いをさせていいということではありませんし、忙しい学期末を終えた夏休みのはじめは、学期中のストレスを解消し、リラックスして家族とゆっくり過ごすことがとても大切です。

担任の先生は、遅くとも夏休みの終わりまでに次の学年の一年間のおおまかな計画をたてる必要があります。一年間のなかにすべてのエポックがきちんと収まるよう上手に割り振りし、個々の分野やエポックにどれだけ時間をかけるかについては、シュタイナー学校のカリキュラムに照らし合わせて決めていきます。年間計画をたてるときは、まず一年分のカレンダーで登校する週を数えます。そして、何週間くらい授業ができるかを知り、それぞれのエポックをその時間内に上手に割り振るのです。これは大変な仕事です。たとえば、運悪く一つのエポックの間に秋休みや冬休みが入ってしまったら、望ましいエポックのリズムは生まれません。そのためそういうことが起きないよう、授業を割り振る際にある程度の余裕をもたせることが大切なのです。

夏休み中に行なう授業の準備としては、できればすべてのエポックについてはっきりとした計画を立て、どのテーマを扱うか、どんな資料や教材が必要か、国語の授業ではどんな本を生徒といっしょに読むか、五年生でクラスの劇をするか、するとすればどの劇がいいかといったことを書き留めておくことが必要です。

多くのシュタイナー学校では、五年生になると、担任の先生と生徒がはじめていっしょに移動教室に出かけます。大きな移動教室の場合、宿の予約をはじめ、あらかじめ準備する必要があります。また、親たちにも、父母会の時などに早目に移動教室について説明しておくことが大切です。できれば四年生のうちに説明しておくといいでしょう。移動教室にかかる費用については親たちに前もって資金をためておいてもらい、お金に困っている親がいればみんなで協力して助けたり、全体の資金を少し多めに集めてそこから立て替えるといった工夫をして、すべての生徒が移動教室に行けるようにします。

夏休みに授業の準備をするうちに、先生の魂のなかに次の学年の生き生きとしたイメージが湧きあがってきました。担任の先生は、授業の準備をするときも「全体から部分へ」という考え方がとても重要であることに気づきます。実際の授業で子どもと取り組むとき、まず全体をとりあげ、そののちに個々について教えていくのと同じように、授業の準備の段階でも全体から個々へ向かう姿勢が大切なのです。また、授業の準備をしながら、いくつかのエポックがほかのエポックとつながっていることにも気づきます。

例を挙げましょう。歴史のエポックで、子どもたちに古代エジプト文化期と古代ギリシア文化期における人々の生活について話をします。そのときに子どもたちの意識をそのほかの国々にも向けさせておけば、のちの地理のエポックでさまざまな内容を関連させ、ふたたび取り上げることができます。学年が上がるほど、エポックとエポックとの間にはより多くのつながりが生まれるでしょう。たとえば、生徒が物理や化学のエポックで学んだ内容を関連させ、先生と話しあうことによって、とても多くの実りがもたらされます。そして、それぞれのエポックは独立しているのではなくすべてつながっていることが、子どもたちにもはっきり分かります。以上のことからも、一人の先生がさまざまな分野の授業をすることが、この年代の子どものためにとても重要であることがお分かりいただけたでしょう。

新しい週、新しいエポック授業

エポックはふつう月曜日からはじまります。そのため、次の週の授業の準備は土曜日にします。授業の準備は、新しくはじまるエポックだけでなく、すでに学びはじめているエポックについても必要です。どういうことかというと、生徒が取り組んだ一週間分の作業をそれぞれ確認しなければいけないのです。授業の要点をまとめる子どもの課題やエポックノート、宿題などを点検したり、作業の仕方がどのくらい上達したか、一つのエポックが終了した時点で先生は書き留めていきます。

それが終わったら、いよいよ新しいエポックの準備にとりかかります。まず、リズムの時間ではどんな練習をしたらいいか、どの詩を、どの歌を子どもたちと取り組むか、どの言葉を練習する必要があるか（言語造型）決めていきます。この場合、先生はすべての詩や言葉を暗記しなければいけません。本を手に持たずに、生徒の前に立ちたいものです。そうでなければ、子どもたちは無意識のうちに次のように考えます。「先生が暗記しないのに、どうして私たちだけ暗記しなければいけないの。私たちにとっても暗記は必要ないのではないかしら」。

次に、翌週の一週間分の授業計画を立てます。まず、エポックのテーマをそれぞれの曜日にうまく割り振っていくとき、週に一回の水彩画の授業を忘れずに組み込みます。そのとき、エポックで学んでいるモチーフを水彩画の授業で描いたり、子どもたちが前日の授業で聞いた物語の内容を次の日に水彩画で描いてみるというような授業の流れを考えていくのです。たとえば前日の授業でエジプトの話をしたら、次の日は生徒にピラミッドを描かせてみるのです。できれば次の週の分は今週末までに、一週間の授業計画を作ってみます。まず大まかな流れをつくり、一日ずつの作業に振り分け、準備を進めることが大切です。もちろん、実際の授業では予想もしなかったようなことが起きるかもしれません。しかし、それは先生にとってとてもいい練習になります。なぜなら、つねに状況を把握し、柔軟に物事に対処できる強さを身につけることができるからです。予定外の回り道が、目標に向かうとても効果的な方向に導いてくれる場合もあります。いずれにしろ、全体的な授業計画と個々の授業の準備が必要なのです。この二つがそろってはじめて、ふさわしい瞬間に意識的に授業を変えていくことができるようになるのです。しっかり授業の準備をし、予想外のことが起きたり、生徒の反応が予想とは違っても、それに応じて自分の授業の流れをすっかり変えてみるのです。それができる先生は、どんな状態にあってもよい作品を作ることができる芸術的な先生と言えるのではないでしょうか。

まったく新しいエポックがはじまったら、さらに多くの授業の準備が必要になります。夏休みのあいだに書き留めたのは、本当に大雑把な見通しにすぎません。しかし、ここでは細かい授業の内容と取り組むことになります。シュタイナー学校のカリキュラムにもとづき、それぞれのテーマの流れを慎重に考慮します。そしてまず週ごとにテーマを割り振り、どのテーマをエポックノートに書く作文の題材とするか検討します。ここでも最初は大きな流れをつくるように、先生はそのエポックの大まかな見通しを立てます。そうしてはじめて、先生は明日からの一日ずつの授業の準備にかかれるのです。ここでも、全体から個々へという方法は一貫しています。

毎日の授業の準備

では、五年生の地理の授業の場合、あるテーマを次の日の授業のために準備するというのはどういうことか見ていきましょう。テーマはドイツのハリー地方としましょう。授業では、そこに住む人々や彼らの生活について、子どもたちに話します。その際、北海沿岸で生活する人々が日々の生活のなかで潮の満ち引きとどのようにつきあっているか、はっきりさせる必要があります。ここで子どもが豊かなイメージを思い浮かべられるように生き生きとした話をするためには、先生はとても多くの授業の準備をしなければいけません。

まず、正確な情報を地理の本から得るため、そのテーマについての本を探し、本のなかの重要なポイントをできるだけ書き出しておくことが大切です。先生はそこに住むさまざまな人間が登場し、いろいろな体験をしていく長いお話をどのように作ればいいかよく考えます。お話の登場人物たちは、先生が話す内容を体験するのです。担任の先生はお話をする人として、それぞれの登場人物に強く感情移入することが大切です。

自分で創作する物語には、はじまりと終わりが必要です。また、物語にはクライマックス、緊張、リラックスが欠かせません。先生は、明日、子どもたちに、波のおだやかな海に浮かぶ平和なハリゲン諸島についての話しはじめることに決めました。ハリゲン諸島と呼ばれる小島には堤防がありません。長い間、人々は家族で農業を営み、とても孤独に生活し、過酷な自然の中で生活する勇気を持っています［ハリー地方とは、ドイツの北の北海沿岸にあり、高潮でしばしば海没するハリゲン諸島と呼ばれる小島をさします］。次に、潮の満ち引きのリズムや、周期的な潮の満ち引きによって土地が浸食され、波が土地を小さくしようとするかのように地面を奪い、とうとう津波のような高波が打ち寄せて島が水浸しになり、家まで浸水し、人々や動物が脅かされたこと、昔はいくつかの島が波の下に沈んでしまったことについて話します。

先生は以上のお話の流れを確認し、ノートに書き留めました。次に、明日、お話をするとき、さまざまな子どもの気質をどのように反映させればいいかよく考えます。胆汁質の子どもは劇的な部分に強く反応するでしょう。静かで穏やかな状態を好むおっとりとした粘液質の子どもは、ハリゲン諸島のとても穏やかで平和な雰囲気が気に入り、その景色に心が安らぎとても気持ちよくなるでしょう。多血質の子どもは物語に登場する個々のモチーフが気になります。たとえば潮の満ち引きの様子や、ハリゲン諸島に住む子どもの生活や学校での授業の様子について、まるで自分が登場人物としてその場にいるような気持ちになり、生き生きとするでしょう。憂鬱質の子どもは、人々がハリゲン諸島でひっそりと生活し、困難と向かい合うとても孤独な雰囲気を思い浮かべるでしょう。授業の前夜、担任の先生はどの場所がどの気質にふさわしいか、どのような構成をすれば子どもたちの前で芸術的な授業が展開できるか、懸命に考えます。

さて、地理の授業の内容については準備ができました。ここで大切なのは、次の日の朝、どのような課題を子どもに出すか考えることです。たとえば、ハリゲン諸島の様子について話をしたあとで、絵を描かせるか（口絵2参照）、もし描かせるのであれば話の内容にあった絵が描けるように指導するのです（島のかたちはこんもりと盛り上がっている、家は丈夫なつくりになっている、といったことを具体的に説明していきます）。たとえば作文を宿題として出すのなら、島についての重要なポイントを先生がまず自分で整理し、次の日、生徒の前で読み上げるか、黒板に書きます。作文に取り組む時間は、中級学年以降どんどん増えていきます。誤字に注意し、先生の話を書きとめる作業については、規則正しく、くりかえし練習していかなければいけません。クラスのなかに書くときにとても長い時間がかかる子どもがいる場合は、先生は省略してもいい文章と、かならず書かなければいけない文章をよく考える必要があります。また、子どものなかには、長い話を自分で短くまとめて書くことができない子どももいます。しかし、この練習によって、すべての内容を短い文章のなかにうまくまとめて書けるだけの子どもたちの集中力を育てることができます。集中力をつけることは、子どもが学ぶ上でとても大切です。

一年生の担任の先生にとって大切なのは、子どもたちが自分のエポックノートを作るのと同じように、先生自身も一年生のエポックノートをつくっていくことです。それによって、より深く子どものなかに入り、子どもの立場にたって授業をつくることができるようになります。たとえば、自分も実際にエポックノートを書いてみると、ある文章を一枚の紙のなかにうまくまとめることができない子ども、大きなタイトルの文字を上手に書けない子ども、紙の上に等間隔に文字を書けない子ども、詩を書くときに長い文を一行でまとめられない子どもの問題が手に取るように分かります。子どもたちに作業をさせる前に、まず先生はどのようにやってみたかを見せることによって、問題が起こるのを未然に防ぐことができるでしょう。

中心授業の準備がすべて終わったあとに、いちばん最後のお話の時間の準備をします。お話の時間についても夏休みのあいだにおおまかな見通しは立てましたが、どのようなメルヘンや伝説、神話などをそれぞれの学年の子どもたちに話すのか、具体的に考えるのです。先生はさまざまな文献や本のなかから、内容がその学期の子どもにいちばんふさわしく、とても深いイメージが表現されているお話を選びます。本を読み深めながら、先生はまずお話のイメージの順番を整理します。つまり、お話に登場するすべてのモチーフを、それぞれの気質にあてはめながら読んでいくのです。たとえばおだやかな湖のほとりに建つ家といった平和な情景は粘液質の子ども、その家の母親が亡くなり、息子が一人ぼっちになった悲しい様子は憂鬱質の子ども、旅に出て、その途中で龍と戦う勇ましい少年の姿は胆汁質、たくさんの宝物や美しい王さま、王女さまが登場する場面は多血質の子どもというように、それぞれの子どもがお話のなかで自分の気質を満たせるよう、先生は子どもの気質を考慮しながらお話を作り上げていきます。けれども、子どもに昨日のお話を思い出させるときは、子ども自身の言葉でその内容を話させます。そのときに、その子どもの気質とは正反対の気質にあたる部分を話させることが大切です。たとえば胆汁質の子どもには自分が好きな龍が登場する場面ではなく平和な湖の情景を、粘液質の子どもには龍と戦う場面を話させてもいいでしょう。多血質と憂鬱質の子どもについても同じ課題を与えることができます。気質については八年生の「気質学のエポック」（二二二頁参照）で生徒といっしょに取り組むので、その節で詳しく見ていくことにしましょう。

毎日の授業の復習

毎日の授業の復習は、子どもと教室の扉のそばでお別れをした瞬間からはじまります。先生は一人ひとりの子どもと握手をしながら、今日はこの子はとても大変だったから疲れているようだと感じたり、その子が計算の課題が本当に分かったかどうか、誰にも聞こえないように聞いてみたりするのです。

家に帰ると、新しい授業の準備をするまえに、中心授業全体の流れをもう一度思い浮かべて、自分が授業中にしたすべての行為についてふりかえります。たとえば、ある子どもが授業のなかで急に怒りだした状態をもう一度思い出してみるのです。すると、ふいに思い当たりました。彼は何度も手を挙げ、とてもうれしそうに先生の問いに答えようとしていたのに、一度も指名されませんでした。彼は先生が自分を完全に無視していると感じ、彼の積極的な気持ちはなえ、がっかりし、胆汁質の気質のため、そのがっかりした気持ちが怒りとなってしまったのです。ああ、そうだったのか！　次の日に機会があれば、その子どもが手を挙げたときに答えさせてあげよう、と思うでしょう。しかし、次の日も指名しきれないほどたくさんの生徒が手をあげたため、全員に答えてもらうことはできません。何人かの子どもが残念そうな顔をしています。また次の日も同じことを試みようとしますが、やはり全員は指名しきれません。そこで先生は、誠心誠意、自分のクラスの生徒に先生の問いに対してクラスのほぼ全員が手をあげるので、先生は残念ながら少人数しか指名できません。がっかりして怒ってしまう子どもがいるかもしれないことを先生はとても残念に思っています、と説明します。そういうふうに先生がきちんと説明することにより、子どもとお互いに分かりあえる関係をつくっていくことができます。

子どもがとても反抗的になるとき、しばしばその原因は先生がその子どもに関心を示さないことにあります。このようなことも先生が授業の復習をするときに気づくことによって、生徒に自分の心の目を向けるきっかけとなり、とてもよい積み重ねとなっていくでしょう。

また、授業の復習から、今後の授業に役立つ発見をすることもあるでしょう。なぜなら、授業の復習をするとき、先生はつねに一人ひとりの子どもの授業中の状態を思い浮かべ、その子どもの身になって感じ、その状況を自分で追体験することによってさまざまなことが分かり、発見することができるからです。授業の復習では、このような興味深い取り組みができるのです。子どもの年齢にあわせて先生も内面的に同じように感じることができれば、それぞれの子どものふるまいがよりよく理解できます。そのためにも、次のような練習は先生にとっても親にとっても非常に効果的でしょう。たとえば、自分がその年齢の時はどうだったか思い浮かべてみることによって、自分の子ども時代に戻り、子ども時代の力を呼び覚ますことができます。そして、その子どもの内面とまったく新しく深くつながっていくことができるのです。

毎晩の準備—子どものイメージを思い浮かべる

以上は、担任の先生がすべき授業の内容や教材の準備にあたります。そこでは気質の取り組みなども含めて、つねに成長する子どもに取り組んでいくなかで、その一瞬に子どもが必要とする接し方ができるようになるにはどうすればいいか、先生はくりかえし学んでいきます。では、授業の準備を進めるなかで、子どもと特別深くつながることができるのでしょうか。

毎晩、心の中で一人ひとりの子どもを思い浮かべます。そして、いっしょに体験したことを思い浮かべ、それを一つのイメージとして凝縮します。どのように子どもが動き、手を挙げ、立ち上がり、座り、握手をし、文字を書き、笑い、話すか、理解が早いか遅いか、どのように計算するかといったことを回想することは、先生にとって非常にいい練習になります。それは最初はとても時間がかかる作業だと思われるかもしれません。しかし、先生は子ども一人ひとりのはっきりしたイメージを持つことができ、同時に今クラスはどういう状態にあるか、何を必要としているかといったクラス全体のイメージをもつかむことができるでしょう。また同時に先生の意識のなかで、子どもたちが生き生きと動きだします。一つずつ授業の準備をしたものを最後にもう一度凝縮し、集中して自分の意識に取り入れ、深め、自分の感情に浸透させます。内面に向かうこのような集中は、まるで「瞑想」をしているようなものです。先生の意識は、それほど自分の内側に向かっているのです。

どのクラスの先生も、シュタイナーの精神科学やアントロポゾフィー人智学を集中的に学びたいと願うでしょう。それによってさらに進んだ練習や内容が分かり、瞑想的なやり方で規則正しく取り組むことができれば、自分の授業とは直接関係がなくても、子どもに対する見方が表面的なものに左右されず、もっと深いところでその子どもがうちに秘めているものとつながることができるでしょう。

次の朝、担任の先生は前の晩に自分が取り組んだことを思い出し、前夜ほど時間をかけるわけではないのですが、あらためて子どものイメージを思い浮かべます。そして学校では、シュタイナーが言ったように、自分の内面的な「プライベートの自分」の部分を、教室に入る前にロッカーにおいて行きます。先生の「プライベートな自分」は、教室には持ち込まないのです。[28]

第12章　五年生

中級学年への入口

八年間のクラス担任を何度か経験した先生は、五年生の子どもたちがとくにバランスがいいことに気づくでしょう。子どもたちはこの年、少年時代の真ん中に達します。シュタイナー学校では、このような調和が取れた状態の子どもに対して、どのような対応をするのでしょうか。また、担任の先生は、この学年でどのような課題をもつのでしょうか。

新しいエポック授業のなかでもひときわ目だつのは、歴史の授業がはじまることです。また、生物学では子どもたちはふたたび動物に注目します。しかし、いちばん最初に注目するのは植物の世界です。しかも、つねに植物と人間とのかかわりあいについて子どもたちと学びます。また、郷土学は地理と交代し、子どもたちの目は中央ヨーロッパに向かいます。最初に星空を観察するとき、子どもたちは先生といっしょにはじめて空に浮かぶたくさんの「絵」を見つけます。そんなふうに夜空を見ることは、最初の移動教室のとても特別な楽しい出来事の一つになるでしょう。五年生のためのお話の内容は、ギリシア神話が中心になります。とてもたくさんある神話のなかから大切な内容を選んで、子どもたちに話します。

　低学年の時に比べて、担任の先生は非常に多くの知識を必要とする分野の授業をしなければなりません。そのため、さまざまな授業の準備を早いうちから進める必要があるのです。そこで何よりも大切なのは、増えつづけるさまざまなエポック授業の分野に対して、先生が強い興味をもつことです。なぜなら、子どもたちにいくら授業への興味を持たせようとしても、先生自身が感動せず、たいして調べもしないようでは、子どもたちを感動させることなどできません。担任の先生が、自分にとっての新しい課題に対してつねに「しなければいけない」という気持ちで授業にのぞんだら、授業はただ苦しいだけ、辛いだけになってしまいます。そんな先生を見ていたら、子どもたちも苦しくなってしまいます。「絶対にしなければいけない」と必死でがんばるよりも、ほがらかで、楽しい雰囲気のなかで、「してもいい。させてもらえる」というふうに先生の気持ちを変えることはできないでしょうか。担任の先生は、これまで一度も満足するまで深めたり、取り組んだりしたことのない分野を、自分のクラスの生徒のために新しく学べる、とても大きなチャンスと出会えるかもしれないのです。これはすばらしい喜びではないでしょうか。このような姿勢で、先生はさまざまな授業の内容と深く取り組み、授業の内容と自分自身の間に、本当に深いつながりができるよう努力していきます。

新しいエポック授業——外に向かう目、内に向かう目

古代文明への旅——歴史のエポック

歴史のエポックをはじめる前に、担任の先生は古代文明の巨大な領域を自分で深く理解する必要があります。最初はそんなことはできそうにない、むずかしすぎる、と思うかもしれません。しかし、関連する資料をもとにうまく古代文明の全体像をつかみ、そのなかから見いだした授業に役立つモチーフを使って、さまざまな過去の文明において人々はどのような暮らし方をしていたのか、はっきりとしたイメージを子どもに伝える授業ができるでしょう。たとえば、古代エジプトの人々が毎年氾濫するナイル河とどうつきあっていたか子どもたちに生き生きと語るためには、どうすればいいでしょうか。その氾濫のあと、どのように土地を測量し、畑を元通りに分けるか、どのように大きな給水車を使い、より大がかりな灌漑の設備を整えていくか、先生は心のなかでその光景をイメージし、つくりあげていくのです。ピラミッドの建設では、ピラミッドを建てるために力を合わせたエジプトの民たちの偉大な共同体の体験を、先生の話を聞いている子どもたちがその場にいるかのように体験できるようにするのです。そのためには、先生自身、自分がピラミッドの建設現場で働いているかのようにイメージする必要があります。このように、子どもたちに伝えたい物語について話すときは、先生自身がその物語の世界に入っていることがとても大切です。

古代エジプト文化期以外にも、古代インド文化期、古代ペルシャ文化期、古代ギリシア文化期なども、同じようにして先生はその時代のなかに入り、生き生きとしたイメージを子どもに伝えていくことができ

ます。先生が心から感動し、深い関心をもって子どもに伝えることが大切です。そうすれば、先生の話を聞く子どものなかにたくさんのイメージが湧いてきます。そして、子どもたちの喜びが先生の新しい授業づくりの力になり、この語りのすばらしさを深く理解すればするほど、先生は自分自身も感動していることに気づくでしょう。なお、五年生では歴史のエポックは二回あり、古代ギリシア文化期のエポックはいちばん最後に学びます。

ギリシア神話の世界

担任の先生は、毎日のお話の時間でギリシア神話のお話をします。先生は、古代のギリシアの人々の文化や生活と取り組むうちに、自分のクラス自体が人間としての調和がもっともとれた人間のもっとも美しい姿としての数多くの彫刻作品を生んだ古代ギリシア文化期のころの人々と同じように、調和がとれ、とてもしなやかになったことに気づくでしょう。

ギリシア神話の世界を学ぶときは、神話のイメージがもつ深遠な背景を理解する必要があります。ここでは神々の行動についてまるでちがった言い伝えがなされています。つまり神々は、かつてのような絶対的な存在ではなくなり、ごくふつうの人間がもつような感情や欲望の世界で生き、とても人間くさく表現されているのです。英雄物語に登場する英雄も、かつてのように清らかな英雄ではなく、長所と短所をかねそなえた、とても人間的な英雄として表現されているのです。担任の先生は、ここでもまた自分の話し方を意識的に変えていかなければいけません。そして、古代インド文化期、古代ペルシャ文化期、古代エジプト文化期といったそれ以前の文明とはまったく違う、古代ギリシア文化期の世界に深く入っていくことが大切です。そのことによって、先生は生徒といっしょに「古代ギリシアの雰囲気」にひたることができ、その雰囲気を本当に理解することができるのです。古代ギリシアの詩を朗誦したり、踊りを踊ったり、オイリュトミーの先生と古代ギリシアの詩や物語に取り組んだり、古代ギリシアの小さな劇をしたりと、さまざまな芸術活動に取り組むことによって、先生と生徒の間にすばらしいつながりが生まれます。芸術的な試みのなかで、先生と生徒がつながっていくことは、先生の魂から生徒の魂へ、大きな橋をかけるような行為です。喜びは、湧きでる泉のようにあふれてくるのです。

植物学——自然のなかの叡智

すべての先生が、最初から植物の世界に強い関心を抱いているわけではありません。しかし、シュタイナー教育において、植物学はとても重要なエポックの一つです。最初は興味がなかった先生が、実際に授業をするときには心から興味をもって授業ができるようになることが、シュタイナー教育における理想なのです。そうすることによって、私たち人間にとってとても身近でとても大切なつながりがある植物と、子どもたちが生き生きとした関係をつくりあげていくことができるようになるのです。担任の先生は、またしても膨大な量の知識を必要とする領域と取り組まなければいけません。いよいよ、ついていけない無理難題のように思われるでしょうか。

シュタイナーは、一九一九年に、最初のシュタイナー学校の先生に次のような課題を出しました。それは、子どもたちをどうすれば植物の世界に引き寄せることができるか、翌日までに考えてくるというものです。翌日、まず受講者の先生たちがいろいろな考えを述べたあと、シュタイナーは誰も思いつかなかった驚くべき提案をしたのです。それは、すべての植物の種類を植物としての完成の段階ごとに分類し、五年生の子どもたちに話すというものです。それぞれの植物の種類を比較するとき、きのこは赤ちゃん、シダは三歳、チューリップは一年生というように、さまざまな年代の子どもの成長に植物の生長をなぞらえていけば、子どもはより深く、植物の世界とつながっていくことができます。[29] 担任の先生にとって、これはとても興味深い課題です。担任の先生は、授業をつくるなかで植物の世界の全体の流れを俯瞰し、同時にそれぞれの種類の重要な特徴について詳しく見ていくことができるからです。植物学のエポックと授業の準備については、クリストフ・ゴーゲライン氏が詳しく書いています。[30]

植物を形づくる芽、根、茎、葉、萼《がく》、花といったすべての構造をもつ、いわば「完成された」植物について、まず子どもたちに話します。その後、子どもたちと「きのこの世界」に取り組むと、大地から栄養をもらって生きているきのこは、「母なる大地」から生まれた赤ちゃんのように見えます。これは子どもたちにとって、とても印象深い体験です。授業のなかで小さな子どもの魂ときのこのいとなみを比較し、よく似ているところを子どもたちと話します。先生自身もそこでたくさんのきのこに出会い、きのこにはたくさんの形や色があることに驚くでしょう。

まず、すべての藻、海草、地衣類について学んでから、苔に進みます。次に、シダやツクシといったトクサ科というふうに学んでいきます。そこで驚きをもって学ぶのは、それぞれの植物が前の段階の植物から生み出されたということです。シダ植物は、葉だけの植物と見ることはできないでしょうか。対照的に、ツクシのようなトクサ科になるとすべての力を茎をつくるためだけに使います。トクサ科はまるで小さなモミの木のようにも見えます。その姿からは、次の植物の段階である「裸子植物」を予感することができます。このような見方を自然界のあらゆる植物へ広げていくと、子どもたちにも先生にも大きな喜びがもたらされるでしょう。その取り組みのなかで、子どもたちは植物についていろいろなことを話し、観察し、描いてみたり、比較したりすることができます。

最後に学ぶのは、花の咲く植物（被子植物）です。そこではっきりするのは、春先に咲く「球根の植物」は萼《がく》と花びらが区別できず、しっかりとした長い根を形成することはできないということです。では、植物の女王として、最初の植物学のエポックの終わりにふさわしい植物は何でしょうか。子どもはその答えをとても期待して待ちます。それは、バラです。バラは深い土の中に根を伸ばし、すべての構造を一年間でつくりあげ、格別美しい花を咲かせ、実を結ぶことができます。

私はいつもこのエポックを秋に行ないました。なぜなら、子どもたちといっしょに森に行き、特別たくさんのきのこを見ることができるからです。それに、秋なら、地衣類や藻、苔、シダといった年中ある植物も子どもたちに見つけさせることもできます。子どもたちがさまざまな植物を教室に持ちこみ、満足するまで観察し、理解したあと、私は遠足を計画しました。その遠足はとても楽しく、さまざまな驚きをもたらしてくれました。以前は子どもたちは散歩に行くと雑多なものを集め、先生に見せに来ました。しかし、今回は熱心に地面にはいつくばり、たくさんのきのこや地衣類、苔などを探し、見つけると、貴重な発見をした探検家のように喜んで私に見せたのです。つまり、今回の遠足では、子どもたちは授業で勉強した植物であるきのこや藻だけを探したのです。なぜなら、授業のなかで子どもたちがそれらの植物に対して特別に心を開いていたからです。子どもたちはとても熱心に植物を集め（子どもたちは、毒きのこにはさわらないといった基本的な注意を聞いています）、何度も喜び勇んで先生のところにやって来ては植物を見せます。そして、それぞれの植物の名前を先生に聞くのです。私にとってつねにすべての名前を答えるのは容易ではありませんでしたが、幸運にも数冊の植物の専門書をもっていたので、それをたよりに子どもたちが持ってきた植物が何であるか調べることができ、子どもたちはとても満足した様子でした。私たちが植物のエポックのすぐあとに遠足をしたため、遠足が植物を観察する絶好の機会になったのでしょう。学んだことのすべてが子どもたちのなかで生き生きと輝いていました。しかし、その次に散歩や遠足に行った時には、彼らの目はまた別のものに向けられました。何人かの生徒がやって来て、前のエポックで出てきた植物を見せただけでした。

このように四週間もかかる広い領域のエポックになると、先生は授業の準備などでとても大変な思いをしますが、子どもたちにとってはとても印象深い授業になります。それは親たちにとっても同様です。たとえば、父母会の夕べなどで、担任の先生が植物のエポック授業の内容や子どもたちの授業中の様子を話すとき、親たちはとても興味を示し、話に耳を傾けます。子どもたちはこの時期に、担任の先生が自然に興味があり、自然がもつ大いなる叡智や美に対しても深い興味をもっていることに気づきます。この気づきこそが、先生自身に対する子どもたちの信頼感を強くしていくのです。

そのほかのエポック授業

国語（ドイツ語）のエポックでは、子どもたちは五年生の読本に取り組みながら、自分たちでたくさんの作文を書いたりしていきます。五年生の文法のテーマは、能動的な表現と受動的な表現とはどうちがうか理解することにあります。たとえば植物学のエポックを思い出して、「君たちにはきのこの時期（赤ちゃん）やシダの時期（三歳）があったね。よく考えてごらん。生まれたばかりのときは「おむつを替えてもらう」「おっぱいをもらう」「だっこしてもらう」というように、すべて誰かにしてもらったでしょう。ということは、小さなころの君たちは受動的だったんだ」というふうに展開させることもできます。すると、子どもたちは、誰でも生まれたばかりのときはあらゆる面で助けられたことに気づきます。私たちは、すべてを人からしてもらい、授かる、「受動的」な立場だったのです。しかし現在、そして将来においては、親や他人からしてもらう受動的な立場に甘えず、今度は自分が他人を、また自分よりも弱い人々を助け、肩代わりをするというように「能動的」に行動し、「積極的」になることが課題になると話します。そのあとで、先生が考えた文章や五年生の読本にあるさまざまな文章のなかから子どもたちといっしょにいろいろな種類の動詞を見つけ、それが何のかたちなのか区別する練習をします。子どもたちはすでに受動態と能動態の法則を暗記していますから、あとは課題のなかでそれらの文法を区別していく練習をくりかえします。

そのほかに、子どもたちは文章を読むことや書くことを学びます。なかでも、耳で聞いた文章を正確に書きとる口述筆記や、まとまりがよく意味がしっかり伝わる文章が書けるような練習を充分に行ないます。また、集中的に練習することがとてもふさわしい時期が、まさにこの五年生のときなのです。ここから、子どもたちが集中してたくさんのことをじっくり練習する時期がはじまります。担任の先生は、子どもたちにとってその時期はいつか、子どもたちを注意深く観察しながら課題を出すことが何よりも大切になってきます。

計算の授業では、子どもたちは分数と小数について、さまざまな角度から取り組みます。このときのたくさんの課題は先生が自分で考えるのですが、計算が苦手な子どものことを考慮する必要があります。また、非常に早く計算できる子どもにはさらに多くの課題を出し、満足できるように配慮します。それは、彼らにとっての「栄養」のようなものです。先生はクラス全員が受ける文章の小テストを集め、点検することによって、子どもたちがいまどういう状態にあるか、正確なイメージを持つことができます。ただし、クラスで行なうテストといっても、中間テスト、期末テストといったように、テストが習慣化しているわけではありません。

また、親との共同の取り組みには、大きな意味があります。担任の先生は、早い時期から親たちに自分の授業の取り組み方を説明し、家での宿題や練習についてもさまざまな指示や提案をすることができます。たとえば、計算の苦手な子どもは、家で親から教えてもらうこともできるからです。また、計算の苦手な子どもに対しては、担任の先生が、一年生の段階から、毎日の朝のリズムの時間に、三の段や七の段を手をたたいたり、歩いたりしながら、声を出して取り組む練習もできます。つまり、計算が苦手な子どものために、クラス全員がその子どものためにやっているとはまったく気づかずに、楽しく練習するのです。

また、五年生では中央ヨーロッパの地理を学びます。この授業では、ドイツをはじめフランスやオランダ、ベルギーといった周辺諸国の風土や景色、どのようにして人々が自分たちの生活を営んでいるか、子どもたちが思い浮かべられるようにする必要があります。そして、その地方の特徴がよく分かる地図を描くことも大切です。[31] 子どもたちは地図を上手に読み取れなければいけません。たとえば、北ドイツのハンブルクのシュタイナー学校の生徒たちは地図でスイスのバーゼルの町の位置を確認し、どのような手段でそこまで行くことができるか考えます。どのような川や山を越えなければならないか、どのような町を通りすぎるか、距離はどのくらいかといったことを考えるうちに、子どもたちの中にはじめて空間的な感覚が生まれます。子どもたちの地理的な感覚が鋭くなり、遠くの場所もしっかりと把握できるようになり、地上との意識的なつながりが生まれることがいちばん大切です。次の地理のエポックでも、子どもたちは同じ体験ができます。

五年生の終わりを飾るとてもよい体験になるのは、ドイツのさまざまな風土を学び、観察するエポック授業です。この授業で、子どもたちは地方によっていろいろな方言があることを学びます。ドイツ語には、風土によってまるで色彩が変化するように、さまざまな方言があります。私は、子ども時代からいくつかの方言をうまく話すことができます。そこで、子どもたちといっしょに九つの方言を練習し、ユーモアあふれる物語をつくって、月例祭で発表することにしました。外国語の授業のように、さまざまな方言やその地方の独特の生活を体験することによって、それらをよりよく理解し、畏敬の念をもつことを学ぶことを目標にしました。

ドイツでは、復活祭［磔刑に処されたキリストが、その三日後に復活したことを祝うキリスト教の祝祭。一方では春の訪れを告げる祭でもあります。この復活祭の前が受難の週にあたり、謝肉祭が終わったあとの何週間か、キリスト教徒たちは断食をし、キリストの痛みを分かち合えるよう、清貧に過ごしていたのです］前の二月から三月に、謝肉祭（カーニバル）が開かれます。謝肉祭では、ドイツ人が受難の週に入る前のお祭り騒ぎをするのです。私は、五年生の謝肉祭のテーマをギリシア神話から選びました。教室をギリシア風に飾り、子どもたちは壁に模様を描き、ギリシアをテーマにしたパーティーを教室で開きます。いよいよ楽しみにしていた謝肉祭の日がやってきました。クラスの子どもたちは、みんなそれにふさわしい衣装を身につけて現われます。彼らは、五年生にふさわしい「調和がとれたギリシア人」の魂の雰囲気をもっています。

最初の移動教室

一般的に、担任の先生は最初の移動教室を五年生の時に行ないます。ただし、例外もあります。父母会のときに、まず移動教室のたくさんの問題や目標、意味、時期、長さ、費用といった具体的な内容について先生が説明します。なかでも、このような移動教室を行なう意味について詳しく説明します。驚くべきことに、先生に「すばらしいバカンスを味わって下さい」と言う親もいます。または、移動教室のあとに、「あら、先生、バカンスはどうでした。ゆっくりくつろいで休めましたか」と言う親もいます。こんなとき、私は唖然とさせられたものです。移動教室では、一日中、子どもたちといっしょに過ごします。その中で、朝からは授業、夜になると授業の準備をすべてこなさなければならない現実を、親たちは知らないのです。

この移動教室のもっとも大切な目標は、このような集団での旅行を通して子どもたちどうしが親密につきあい、相手をよく理解し、お互いの価値に気づき、社会的な能力を身につけ、クラス全体としてあらためてまとまることにあります。担任の先生は、自分のクラスの生徒たちとはじめて一日中いっしょに過ごすうちに、子どもたちのまったく新しい側面を知ることができます。たとえば、移動教室でのハイキングの途中、生徒といろいろな話をするうちに、その生徒の新しい側面に触れることもできます。反対に、生徒のほうも、移動教室のなかで担任の先生のまったく新しい側面を知ることができるのです。[32]

では、移動教室のときはどんな授業をするのでしょうか。意外にも、移動教室ではとてもおもしろい授業をすることができます。たとえば、移動教室は天文学の授業をする絶好の機会です。なぜなら、朝の授業のときに、星空の観察の仕方や星座について子どもたちと学んだことを、夜、実際に星空の下で、子どもたち自身が星空を見上げながら確かめることができるからです。授業のなかで先生は大熊座をめぐるギリシア神話について話し、黒板に大熊座の絵を描きました。そして、どうすれば大熊座から北極星を見つけることができるか説明します。また、子どもたちは、北極星は地平線の下に沈まない「周極星」であることを先生から聞くのです。子どもたちはこれらのすべての内容を自分のエポックノートに書き留めます。子どもたちと、野外に観察に出かける夜がやってきました。子どもたちはこの夜のハイキングをとても楽しみにしていますが、またたく星の下で夜空をはじめて観察することが、彼らにとって決して忘れられない何よりも大きな体験になります。星空をじっくり観察できる小高い場所を見つけたら、子どもたちをきちんと並ばせます。なぜなら、みんな同じ視野で、同じ地点から星空を見なければいけないからです。そして、このようなすばらしい機会に星空を見ることによって、天体への強い関心と崇高なものに対する気持ちが子どもたちのなかに生まれます。この機会に、星空や天文学についての知識を深め、体験をつむことによって、次の移動教室ではさらに高度な観察や天体望遠鏡を使うこともできるようになります。おもしろいことに、移動教室のあと、星空の見方や星の名前、どの方向にどの星があるか、子どもから教えてもらった、と話してくれた親もいました。

クラスの共同体をつくるため、とても効果的な夜のもよおしを計画することができます。みんなでいっしょに歌ったり、フォークダンスを踊ったりするいい機会ですし、お話をしたり、クラスで劇をしたり、「お楽しみ会」として、子どもたち自身が考えた愉快な出し物を披露することもできます。ハイキングのときには、子どもたちも納得するような方法で子どもたちをたくさんの小さなグループに分け、ゆっくり歩く「のろのろグループ」がいちばん後ろを歩く長い列をつくります。小さなグループという狭い空間にいっしょにいることによってつきあいが親密になり、女の子や男の子がどう感じているのかとてもよく分かるようになります。たとえば、まずフォークダンスを練習し、実際に相手をフォークダンスに誘おうとするときに何が起きるか見てみましょう。

ある五年生の移動教室で、私は子どもたちにフォークダンスを教えました。そこでは、男の子が女の子をダンスに誘います。私は相手にどのように「踊ってください」と頼めばいいか、子どもにやって見せたにもかかわらず、子どもたちは座ったままでした。そこで、私が女の子に男の子を誘ってくれるよう頼むと、女の子たちは喜んで引き受け、すぐにこの気まずい雰囲気を解消してくれました。次の日になると、たくさんの女の子が、「今夜は、男の子の番よ。男の子は座っていてはいけないわ」と言いました。そして女の子はどの男の子が私をダンスに誘うか、興味津々といった様子で待っていました。

担任の先生は、次の年もまた新しい移動教室を子どもたちとつくりあげていきますが、そこでは前回のテーマをもう一度取り上げ、深めます。子どもたちがすぐに「次もまったく同じ場所に行き、同じところに泊まりたい」というようであれば移動教室は成功したといえますが、次は新しい旅の目標としてまったく違うテーマをもうけ、ほかの場所を選ぶことが大切になります。たとえばクラスの子どもたちが北海の島で孤独に生活するとはどういうことか、授業のなかでのお話を聞くことによって体験したら、担任の先生は実際にある島で一軒家を借りて、食事、洗濯、掃除などの家事をすべて自分たちで行なうような生活を、移動教室で生徒とともにすることもできます。八年生の移動教室は、先生と生徒との最後のイベントとして、忘れがたい思い出をつくる旅行になります。それは、たとえばカヌーにのって高い山々の谷間を流れる渓流を下ったり、カヌーでオランダやデンマーク、東欧諸国にまで行くスケールの大きな旅なのです。

第13章　六年生

十二歳の心とからだの大きな変化

前章で見たように、五年生はとても調和が取れていました。ところが、六年生で大きな変化の時期を迎えます。担任の先生は、子どもたちの急激な変化とそれにともなう課題について、自分でもまったく新しい気持ちで取り組まなければいけません。

六年生になると、担任の先生が朝、教室に入ると、生徒たちはたくさんの小さなグループに分かれて、小声で話していることが多くなります。子どもたちの様子から、そのグループの邪魔をされたくないということがよく分かります。グループの一人が先生が近づいてきたことに気づいたら、「おい、先生が来たぞ」と、すかさず小声で警告するのです。朝のあいさつをする時点で、子どもたちのあいだにすでに何かが起きていることが分かります。しかし、子どもたちは何が起きたかについて絶対に先生には話さないでしょう。もちろん、いまだに先生にとてもなついていて、こだわりなくすべてを話すくったくのない子どももいます。しかし、この学年では非常に批判的に先生を見る生徒が急速に増えていきます。そして、子どもたちは、自分たちの不満や希望をすぐに先生に主張するようになります。また、行動や態度が変わってくる子どもたちもいます。まず男の子たちの足取りは重くなり、女の子たちは生意気で気取ったふるまいをするようになるのは、思春期ではごく普通のことです。そのほかに、たとえば男の子がクラスのみんなの前に立ち、通信簿の言葉などについて話すとき、かならず自分の手をズボンのポケットに突っ込み、自分は前になど立ちたくない、他の子どもの後ろに隠れていたいという意思表示をしたり、壁によりかかることを好む傾向が出てきます。

一方、この年になると、子どものなかにとても大切な新しい能力が目覚めます。たとえば、原因と作用を関係づけることのできる、因果関係の思考力が生まれます。この能力は、これから学びはじめる自然科学の分野にとってとても大切な役割を果たします。

担任の先生は、生徒たちが先生を信頼して何でも聞いたり、大いなる権威をもった存在として先生を尊敬し、先生の話に心から耳を傾けたりする時期が終わったことをはっきりと自覚します。早熟な生徒はいちはやくそういったことをやめますが、先生を尊敬している生徒もいます。その時期を迎えるにあたっては個人差が大きく、一人ひとりまちまちです。生徒は「子どもたち」として扱われるのをとても嫌がるようになります。そして、そういった接し方をする先生に強く反抗するようになります。そういう時期が、かならず六年生のときに訪れるのです。もちろん、クラス、学校、国によってこの時期がずれる場合もあるでしょう。

担任の先生は、気持ちを引き締め直し、まったく新しい気持ちで力強くしっかりと最後の共同の三年間、子どもたちの年齢にふさわしい授業を作り上げていかなければいけません。これから学ぶ物理学の授業は、先生と生徒の新しい関係を築いていく上でとても効果的です。先生は自然科学に心から興味をもち、自然科学の授業ではゲーテ的な方法で実際に観察した結果について考え、理解することを教えます。そのためには、先生が自分自身の学びを怠ってはいけません。先生が真剣に自然科学の世界に取り組み、深い興味を示すことで、子どもたちはふたたび先生を尊敬するようになります。子どもたちが、幅広い興味をもち、「世界に対する興味」を抱くようにしたいものです。[33]

しかし、この時期に先生が世界に対する興味を感じなければ、子どもたちは何を通してそういった意識を持てるでしょうか。現代は、電気製品の時代、機械の時代です。すべての人間が電気製品やコンピュータの構造や機能を理解していれば、子どもたちも便利な生活に流されず、意識的に電気製品を扱うことができるでしょう。

新しいエポック授業—外の世界に目を向けさせる

最初の物理

物理学のはじまりとして、まず子どもたちと音響学の現象に取り組みます。つまり、聞くということについて学ぶのです。次に、音と関係がある光学について取り組みます。光学で補色について学ぶとき、さまざまな問いにぶつかります。それは、本来、宇宙は黒く、空も黒いはずなのに、なぜ海は水色や深い青に見えるのだろうか、夕日が沈むとき、なぜ黄色からオレンジになり、最後には真っ赤になってしまうのか、どうして夕方に散歩するとき、遠くの家の窓は赤く見えるのか、なぜ油が浮いた水たまりやしゃぼん玉は虹色に輝くのかといったふうに、自然のなかで体験する色彩がどのように生まれてくるのかを問う疑問です。

このような問いに対しては、子どもたちに次のような実験を見せるのです。まず、子どもたちには実験をよく観察させます。この実験では、水が入ったなるべく細いガラスの容器を使います。容器は透明で、向こうが透けて見えます。そして、その後ろに一つの大きな電球か、明るい電気スタンドを置いて観察すると、真っ白な光に見えます。これは予想どおりの結果です。次に、牛乳などの濁った液体をゆっくりまぜてみると、電球は最初は黄色に見え、牛乳で濁るにつれてオレンジ色になり、しまいには赤く輝くように見えます。

この実験では、生徒に実験の手順を生徒自身の言葉で整理させ、できるだけ正確に覚えさせ、話させ、書かせ、図を描かせることが大切です。そして翌朝、前日の実験にふさわしい法則を子どもたちと見つけ、言葉で表現し、書き留めるのです。その場合、原因と結果がつながることが大切です。生徒たちは、水だけのときには真っ白に見えた光が、牛乳で濁るにつれて黄色から赤に変化することに、きっと気づくでしょう。そして、夕日が沈むときの空でも、まったく同じような色の変化を見ることができます。夕方になると、車の排気ガスや工場から出るけむりの影響で、空気は汚れています。空気が濁ると、太陽光は赤系の色に変化して見えるのです。その結果から、真っ白い電球が窓辺でつけてあったとき、ガラス窓と電球の間に白いカーテンが下がっていたら、遠くからその家の窓を見ると真っ白いはずの電球がオレンジ色に見えたり、真っ赤に見えたりする現象も理解できます。

さて、容器にまた新しい水を入れます。そして、その後ろに、真っ黒い紙や布をおき、観察者の方角から光を当てます。すると、まず最初に見えるのは、容器の背後にある黒です。次に、前回の実験と同じように、牛乳などの濁った液体をゆっくりと加えていきます。すると、背後の黒い壁が次第に深い青に変わりはじめ、さまざまな色の青に変化していくのです。子どもたちは、その翌日、実験から導き出した真っ黒な闇に光が当たると、青に変わって明るくなるという法則を、自分自身の言葉で表現します。子どもたちはゲーテの自然科学にもとづいて、二つの現象に気づきました。つまり、光源を白っぽいもので隠すと、光は黄色、オレンジ色、赤に見えるという現象と、黒い背景に光を当てて真ん中を濁らせると、青系統の色が生まれるという現象です。それによって、よく似た現象を知ることができ、理解する能力を身につけることができます。もちろん、実験する時には先生も子どもたちといっしょに驚き、それらの現象について興味深く取り組むことができます。本来、真っ黒い闇である宇宙が、私たち人間の目には青く見えます。それは、深海や深い湖の場合でも同じことです。生徒は物理の授業を通して、光と闇から色が生まれることを体験します。さらに、のちに出てくるプリズムの実験を通して、さらに違った観点からもう一度この結果を実証できるのです。

この光と影のテーマは、毎週のスケッチの授業でも扱われます（水彩画の授業は二年間中断します）。スケッチの授業では、闇と光、黒と白の関係を、明暗線描、白黒線描として、芸術的に紙の上に表現する取り組みをします。その時間に、子どもたちといっしょに体験したのは、強い光は深く黒い影をもたらすということです。そして、絵を描いていくうちに、コントラストを強めるために真っ白い白を描くためには、まわりを黒くすればするほど白が浮き上がってくることに気づきます。このように、生徒はまったく新しいやり方で、光と闇についての関係を深めていくのです。

最初の鉱物学

鉱物学においても、実際に観察することによって、この学年でとても重要な取り組みができるようになります。「光と闇」は、前回の実験のとても大切なテーマでした。この鍵を手に鉱物の世界を探検すると、花崗岩のなかに地球の三原石が見つかります。その三つは、とても有名な詩のかたちでも表現されています。私のクラスは、このエポックの最後に鉱物の博物館で、ある地質学者の授業を受けたのですが、そのときに聞いた詩を紹介しましょう。

Feldspat,Quarz und Glimmer:
Die vergeß' ich nimmer.
長石、水晶、そして雲母。
これらをぼくは忘れない。

この三つの純粋な原石は鉱物です。光る素材からなるのは水晶、とても闇的で暗いのは雲母、さまざまな色があるのは長石です。ここにも、光と闇の間に色彩があります。子どもたちは、この授業のなかでさまざまな花崗岩を知ることになります。そして、どこでこれらの鉱物が見つかるか、遠くから山々を見たとき、その山はいったいどんな鉱物でできているか見分ける方法などを学びます。生徒が次に興味をもつのは、花崗岩と石灰石を比べることです。さまざまな種類の石灰について考え、花崗岩と比較します。この二つの鉱物は、まったく異なった性質をもっています。花崗岩という鉱物は丸く削られた粒状の石の固まりで、地中深く埋もれています。対照的に、石灰は洗い流すことができ、鋭角的で角張ったかたちをしています。洞窟のなかで斜めにとがったかたちで大きくなり、ヨーロッパではよく地表にその姿をのぞかせています。地上に転がっていることも多いためとても見つけやすく、石灰分を含んだ過去の動物の堆積物に由来しています。

このように対照的な現象を取り扱うことによって、さらにおもしろい授業が展開できると同時に、子どもはまったく対照的なものを自分自身で見つけ、自分の言葉で表現できるようになり、思考する力が活発になっていきます。

幾何学――コンパスと定規を使って

五年生の幾何学の授業で、幾何学で学ぶ基本的な図形を定規を使わずに書き、その美しさや調和を感じることによって、先生と生徒は幾何学と深い関係を築きました。六年生にとって大切なのは、あらゆる図形をコンパスと定規を使っててていねいに作図することです。このなかにも対照的な要素が入っています。それは円と直線です。この取り組みでは、本当に多くの豊かなかたちを体験することができます。まず、最初に「円のバラ」（口絵4参照）を紙に（できれば非常に正確な接点を使って）書きます。まず、円周上に同間隔の六つの点をうち、その点を中心とした六つの円を書きます、そして、さまざまな色をつけ、円のバラができあがります。さまざまな円のバラができることに気づいた生徒が、一年間のカレンダーを作ってみました。それぞれの月にさまざまな円のバラが書かれたすてきなカレンダーです。

私は、このエポックをいつもクリスマスの前に行ないました。授業以外にも特別なエポックとして「クリスマスの取り組み」をもうけて、生徒たちにたくさんの図を書かせ、親たちにプレゼントしました。ある期間、さまざまな法則を使って円について学んだ生徒たちは、次に直線を体験します。直線は円と接することができ、円周を切ることができ、円を分割することができ、交差点どうしをつなぐことができます。円と直線を使って、生徒たちの目の前で、円のなかの三角形、四角形、五角形といったさまざまな幾何学的な図形を書きます。そこから星の書き方を学び、最終的にはある直線に垂直な直線を引くにはどうすればいいか、といった作図の基礎に生徒を導くことができます。

そのほかのエポック授業

生物学のエポックでは、高等植物や食虫植物に取り組みます。また、同時に昆虫学にも取り組みます。

地理では、世界中のさまざまな動物を取り上げ、その動物が生息する地域の地質、風土、気候にも取り組みます。この地理のエポックの終わりに、さまざまな地質に含まれる鉱物について学ぶ鉱物学につながる新しいエポックがはじまり、基本的な鉱物や宝石について学びます。

数学では、生活に関係のある分野に取り組みます。百分率では、パーセントと利率の関係を学び、お金とのさまざまなかかわり合いを生徒と話します。たとえば銀行や、別の国の紙幣への両替などについては、生徒と数学の時間により深く学びます。

幾何学では、コンパスと定規を使って、幾何学の世界の基本的な形を学びます。どの担任の先生も、子どもたちがどのような状態になるか知るために、一度は自宅で作図してみるでしょう。先生は授業をする前に、黒板の前で大きなコンパスと定規を上手にあつかえるようになっておく必要があります。先生が器用にコンパスや定規をあやつることができれば、先生自身も幾何学のエポックが楽しくなり、その楽しさが子どもにも伝わっていきます。そして子どもが喜べば先生はさらに楽しくなるでしょう。コンパスと定規という新しい道具の使い方を子どもたちに充分教え、簡単な課題を出して子どもたちに道具を使う練習をさせるうちに、子どもたちはどんなに複雑な図形でも上手に書けるようになるでしょう。このエポックが「感動のエポック」となる先生や生徒も多いでしょう。

歴史の授業の準備のためには、長い時間が必要です。一年間かけて、ローマの建国と法律の誕生から中世の終わりまでの壮大な時代の流れを学びます。

お話の時間では、歴史の授業とは対照的に、近代史について話します。

また、さきに触れたように、この学年では水彩画の代わりに「白黒線描」を導入します。なぜなら、生徒の心が思春期に向かって激しく揺れ動き、魂が両極の状態にあるからです。ときには熱中してファンになったり、ときには激しく反抗したり、まさに魂が白黒を示す生徒の内面が、白黒線描に反映されるのです。

図6　白黒線描

白黒線描――ふたたび光と闇に取り組む

さまざまな新しい課題に取り組まなければならない六年生の授業のなかで、なぜこのように専門的な知識が必要なエポックを担任の先生がするのか、疑問に思われる方も多いでしょう。確かに上級学年の専科の先生を一週間招いて、「投影、透視図法」を代わりに講義してもらったほうが効率的かもしれません。しかし、音楽や水彩画などのさまざまな芸術の授業を通して、担任の先生はファンタジーの力をつけています。ですから、このエポックは先生にとっても自分を活性化するための新たなチャンスといえるのです。しかも、先生は物理のエポックのなかで対象に光をあてて影をつくる実験をしています。こういった経験を、白黒線描という芸術的な行為に応用することができるのです。実験のなかで、先生も子どもも光が強いほど影は暗くなることを体験しました。「光がたくさんあるところには影がたくさんある」というドイツのことわざと同じです。物の場合でも、人間と人間の関係においても、同じことが言えるのではないでしょうか。

白黒線描のなかで大切なのは、明暗の対照がつくり出すコントラストです。生徒たちは、白い紙の上に線描で真っ白を表現するには、対立する色である黒がたくさん必要になることを学びます。コンテを使って描く白黒線描には、光学と幾何学とが関係していることが分かります。だからこそ、担任の先生がこのエポックを行なうことがとても大切なのです。子どもは、先生のことを白黒線描というまったく新しい観点から知ることができます。ここでも、先生はすごいと子どもが思うことによって、その信頼をふたたび得ることが、これからの二年間のためにとくに重要であることが分かるでしょう。

まとめ――子どもと先生の変化

六年生では、担任の先生は自分が担当する授業の範囲を急速に拡大しました。ここで知っておくべきことは、先生は専門家ではないし、専門家にはなれないということです。しかし、先生が「万能の精神」を養うべくつねに努力することは、子どもの成長にとって必要不可欠です。ゲオルグ・クニーベ氏は、次のように述べています。

「六年生の子どもたちは、自分自身を変えはじめました。同時に、教師も変化しなければいけません。教師がつねに一歩でも進歩するよう努め、同じところにとどまろうとしない精神を持てば、子どもに対する話し方や接し方が少しずつ変化するでしょう。これは、先生と子どもが内面的なつながりを保つための唯一の方法です(34)」。

第14章　七年生

生徒の心と外見

生徒たちは、担任の先生と共同で体験するこの最後の二年間に、子ども時代を終え、若者の時代へと入っていきます。それは、急速に進むからだの発育だけでなく、六年生から発達しつづけた精神的な能力である論理的に理解するための判断力が育ったことをさします。生徒たちは、機会があるごとにとても熱心に敏感にそれを試し、論理的な思考ができるよう学びます。生徒はとても批判的になり、言いわけをし、自分の意見を主張するようになります。五年生になる前はまだ彼らの心のなかにはイメージが生き生きと生きていて、先生の話にひたり、外界に対して批判的な意識をもってはいませんでした。しかし六年生になると外界に対してとても批判的になり、今までは心のなかでまどろんでいたものが、すごい勢いで目覚めたように強く前に押し出ます。しかし外の世界とは折り合わないので、反抗的になったり生意気になったりするのです。また、とても騒がしくなったり、混乱した状態になるのも無理はありません。

そのためには、先生が新しい子どもの状態に対してしっかりと落ちついて取り組めるよう、心構えをしておかなければいけません。そして先生は、自分の授業の仕方を変え、ユーモアを持って生徒に対応する必要があります。ユーモアは、この年代の子どもたちにとって欠くことができない生命のエキスのようなものです。先生はいつもユーモアを忘れないようにしなければいけません。しかも、自分のユーモア精神を育むことが大事です。まったくユーモアのない先生の場合、ユーモアを身につけるよう努力しなければいけません。

新しいエポック授業――世界像を完成させる

最初の化学

七～八年生の二年間では、自然科学の分野を本格的に学ぶようになります。なぜなら、自然科学はこの年代の子どもたちにとってとてもふさわしい分野で、生徒の因果関係に対する思考力を育くみ、くりかえし鍛えていくことができるからです。

担任の先生が専科の先生のかわりにこのようなエポックを試みることは、先生と生徒にどのような意味をもたらすでしょうか。こういった場合、まず担任の先生はエポックの前に専科の先生と話しあい、相談相手になってもらいます。それはエポックの期間中も同様です。そしてエポックの目標を専科の先生と話し、専科の先生からどこに必要な器具があるか、どのようにその器具を使うか説明してもらいます。

この学年で大切なことは、自然科学という特別な分野をマスターすることではなく、担任の先生が自分自身で段階ごとに取り組み、できるだけたくさんの知識をもち、できるだけたくさんのほかの分野と関連づけて、生徒と共同してある世界像を作り上げていくことがどれだけ大切か生徒に示すことです。生徒たちは無意識に、教師が自然科学の分野に詳しく、自分たちをこの分野に導いてくれることを望みます。たとえば、先生がある実験の最中にとてもひどい失敗をしてその実験をだいなしにしてしまっても、生徒はそれをばかにしたり、ひどいとは思いません。化学の時間に起きた失敗のエピソードをご紹介しましょう。ここでは実際の化学の授業をかいま見ることができます。

今日では、シュタイナー学校の化学の授業についての参考書が刊行されるようになりましたが、一般的な化学の授業についての資料がなかった頃は、かつての私がそうだったように、シュタイナー学校の担任になったばかりの先生は、試行錯誤をくりかえしながらさまざまなテーマを自分の力だけで扱いました。初期のシュタイナー学校の教師であり、自然科学の分野での授業づくりを発展させたフリッツ・ユリウス氏の著書から興味深い内容を実際に取り上げ、[35] 私は自分のクラスと三つの化学物質、硫黄、炭素、「燐《りん》」について取り組みました。まず、一つひとつの化学物質に取り組んだあとで、それぞれの関係をつなげていきます。

まず、黄色い硫黄について取り組むことにしました。実際に観察し、触り、燃やしてみる実験をするのです。硫黄の息が詰まるようなひどい臭いではなく、熱く、暗く、ほとんど光を放たない硫黄の青い炎について取り組んだのです。

次の日、生徒たちは硫黄の対極にあるものとして、白い燐について授業で学びました。黒板の上にＡ３の真っ白い紙を貼り、その前に置かれた実験台の上に実験に使う開閉できる大きな容器を置きました。その容器に入った液体のなかには、棒状の燐が保存されていました。容器の横にピンセットが置かれ、机の前にバケツがあり、その中には消火用の砂が入っていました。私は生徒たちに燐が非常に燃えやすいことを説明し、生徒たちの興味をかきたててから、消火用の砂が必要であることを説明しました。そして、もし燐が落ちて燃えだしても、その上を絶対に靴で踏んで消してはいけないことも説明しました。私はそのあとに教室を完全に暗くし、ピンセットを使って棒状の燐を液体から取り出しました。そして白い紙の上にうまく燐で文字を書くことができ、暗闇のなかで生徒全員がその文字をはっきり読むことができました。クラスの生徒たちは、それを見て本当に驚いていました。そして、教室を明るくしようとした瞬間に、燐の棒がまっぷたつに割れました。それはのちに専科の先生に教えてもらってはじめて分かったのですが、長い間空気にさらされた燐が乾きかけていたため、折れやすくなっていたのです。生徒たちの目の前で燐は床の上に落ち、すぐに燃えだしました。子どもたちは先生がびっくり仰天している様子を見て、飛び上がって喜びました。実験の前に、生徒にしてはいけないと注意したことを、教師である私がやってしまったからです。おまけに、私は燃え上がる炎をいったんは自分の靴でもみ消そうとしてから、あわてて消火用の砂を使って消したのでした。

　担任の先生として何と恥ずかしいことをしたのでしょう。まったくとんでもないことです。私は教室の床の上にこげあとをつけてしまいました。生徒全員が休み時間にこげあとを見に来ました。この事件はこの日の会話のかっこうの話題になり、生徒にとって忘れられない思い出となりました。生徒は先生の失敗をとても喜んだのです。生徒はどれだけ燐が危険か同時に体験しました。後日の会話でも、同窓会のときでも、この授業のことがよく話題にのぼりました。当時の生徒たちは「そんなにひどくはなかったですよ、先生」と言います。失敗したのが担任の先生だったからこそ、たいしたことはないとなぐさめてくれたのでしょう。しかし、上級学年（中学三年～高校三年）の専科の先生は、絶対にたくさんのまちがいをおかしてはいけません。上級学年の化学の先生が実験のときにいつも失敗していたら、生徒はとてもがっかりするでしょう。

次の日は、暗闇のなかで燐を使って書くとき、なぜ炎は出ないのに明るく冷たい光を放つのか学びました。これは燃えるときに熱くとても暗い青い炎をあげる硫黄とは正反対です。授業のなかで生徒から出てきた問いは、硫黄と燐の真ん中に何か別の物質があるのではないかということでした。そこで、私たちは炭素の実験をしました。マッチを使って、まず太い枝に火をつけてみましたが、予想どおり太すぎて燃えませんでした。しかし、木のかけらが非常に薄い場合だけは、本当に簡単に燃えました。私たちは、火を吹き消すときに、焼け焦げた木炭から炭素が黒いことを発見しました。そこで、炭素を含む素材を使った実験をしてみることにしたのです。その実験では炭素が炎を上げて燃え、熱を放つことを観察しました。その結果、炭素が硫黄と燐のあいだに来ることが分かったのです。つまり、燐と硫黄のちょうど真ん中に位置するのは炭素なのです。

マッチがどのようにして作られるか生徒と考えていくときに、私たちはいちばん重要な三つの要素を授業のなかで知ったことに気づきました。それは、硫黄、燐、木（炭素）です。これらの物質には、それぞれが決まった特徴があります。燐はマッチをするときに容易に点火する働きをもっていますが、実際に燃えるのは硫黄で、硫黄は燃えるときはとても熱い炎を上げます。さきに見たとおり燐は燃えやすいので、手の近くで燃えたら指を火傷してしまいます。だからこそ、木によって点火に必要な熱を保ち、炎が消えないようにすると同時に、手と着火点の間に距離を置くことができ、そうしてはじめてマッチが燃えはじめるのです。

フリッツ・ユリウス氏の提案をもとに、私たちはろうそくの炎をとても正確に観察し、驚くような発見をしました。ろうそくには確かに三つの要素が含まれていたのです。まず、ろうそくの下の部分には青い色の硫黄のような炎が、上には大きな光を持った燐のような光、真ん中では炭素が燃えていました。

生徒たちは、すでに授業のなかで、私たち人間も三つの構造からできていることを観察し、同時に世界に存在するすべてのものは三つの構造をもっていることを学びました。それは、シュタイナー教育でつねに試みていることです。人間、自然、世界、宇宙のすべてが同じ法則のもとにあるからこそ、三つの構造の法則がどの領域でも生きているのです。そこで生徒は、すべてがつながっていることを無意識のうちに、あるいは意識的に学びます。私や生徒がそこではっきり分かったのは、ろうそくの炎は人間と比較して理解することができるということです。「静寂の部分」はいちばん下にあり、いちばん上にある炎の先のとがった部分はもっとも動きやすく、落ち着きがない「動きの部分」、真ん中はそれらが交互にリズミカルにくりかえされ、静寂と動きを調和する「リズムの部分」にあたります。人間の場合はろうそくとは正反対です。上の部分にあたる頭は静寂さをもち、下は動きの部分としての手足、真ん中にはその二つをつなぐ心臓、肺というリズムの部分があります。この三つの構造の基本的な要素は、生徒にとってはほかの観察を通してもすでにはっきりしていることです。からだの構造をより正確に理解するためには、八年生になってから人体解剖学の授業で学ぶことができます。私たち人間の静寂の部分は頭にあり、いちばん動きやすい部分は手足です。真ん中のあばら骨があるあたりに、私たちにとってとても大切なリズムの部分である肺、心臓があり、リズミカルに動いています。これはろうそくを正反対にしたような構造であることが分かります。

そして最後に、ふたたび三つの要素について注目します。そこで生徒にとってとても印象深いのは、すぐに全員の生徒に理解できなくても、ホメオパシー［同種療法のこと。健康体に与えるとその病気に似た症状を起こす薬品をごく少量だけ患者に与えることによって治療する「毒を持って毒を制す」方法］の医者のなかには、リューマチの患者を「硫黄のお風呂」に入れることで治療する人もいるということです。硫黄は手足や新陳代謝系の病気［リューマチ、痛風、皮膚病など］の患者に対して治療効果があるからです。そしてそれによって実際に治療ができるということです。頭の部分において、頭痛やストレスで神経が衰弱しているとき、ごく少量の燐が薬として処方されることもあります。炭素は呼吸と深い関係があります。生徒はすでに授業のなかで人間が炭素を吐き出すことについて学んだため、それをよく知っています。

実験を観察するときは、アントロポゾフィー的人間学において実証されるように、いつも人間の三つの構造［人間は、神経系・頭の部分＝静寂の部分、呼吸系・真ん中の部分＝静寂と動きをくりかえす部分、新陳代謝・手足・いちばん動いている部分＝動きの部分から成り立っていること］に関連づけます。シュタイナー学校の教師として、つねに自分の研究のなかでどこに三つの構造（対照的な二つの要素と、その中央にあって二つを調和させる一つの要素からなる）を見つけることができるか取り組み、この世界で起きるさまざまな現象のなかにこの三つの構造の法則と私たち人間との関係を見つけたら、生徒にとっても先生にとっても授業はよりおもしろくなり、世界に対してどんどん興味を持つようになるでしょう。この雰囲気こそが、この学年の生徒にとても大きな力を与え、豊かな成長をもたらすのです。もちろん、毎日このようなエポックを行なう先生は、化学実験の前夜など、実験に対する小さな不安で心配になることもあるかもしれません。

栄養学と健康学

担任の先生が栄養学という重要なテーマに熱心に取り組み、研究せずに、生徒に対してあるエポックで取り上げたり、授業をしたり、親たちに父母会で栄養学について話すことは決してできません。では、このエポックにはどのような重要なテーマがあるのでしょうか。さきに見た三つの構造を、栄養学にも応用することができるのでしょうか。担任の先生は人間の三つの構造を意識し、継続的に人間学を学ぶなかで、植物さえ本質的には三つの構造を持っていて、それを観察することができ、人間と関係づけることができることがよく分かります。同様に、前節で示したように、三つの科学的な素材を実験することができます。ここでは理論ではなく、実験を観察し、比べてみます。この実験では、頭の堅い大人より、とても柔軟な生徒のほうが、観察のなかから容易に本質を見つけ出すことができます。

はじめての栄養学の入口では、植物にも静寂の部分、動きの部分、リズム的な真ん中の部分があるか、という問いが待っています。子どもたちは、落ち着きのある静寂の部分にあたるしっかりとした構造をもち、固定された部分をすぐに見つけます。それは冷たい根の部分です。正反対に、花の観察では、花は色とりどりの花を開き、花粉を散らし、香りを放ち、その後、種子を空中や地上に散らすことに気づきます。花の部分に動きの要素が集中しているのではないか、ということです。なかでも、花やのちになる実は、熱を放つ太陽の光に向いていることがよく分かります。そして、植物の真ん中の部分である茎は、葉とともに上に向かって育っていきます。人間の肺や心臓と同じように、茎の部分を通って水分や養分がリズミカルに根と花の間を動き、その二つをつなげている部分であることを知ると、先生も生徒も驚きます。たとえばある植物は、それぞれの葉ができていくときに茎の回りを非常に正確に五分の二回転して、次の葉がその上に形成されます。しかも、上に伸びる茎の発達と横に広がっていく葉とは対照的といえるのではないでしょうか。茎と葉ができる過程は、リズミカルに交互にくりかえされます。それは、まるで人間の呼吸のリズムのようです。

人間と植物の関係については、生徒は自分たちで見つけ出さなければいけません。子どもたちは、このリズム的な真ん中の部分についてはすぐに理解します。しかしそこからよく考えてみると、植物と人間とはまったく逆に形成されたものであることに気づきます。動く炎の部分が上に、動かない静寂の部分が下にあるろうそくは、私たち人間とは正反対です。では、ろうそくと私たち人間の熱と冷たさの関係はどうでしょうか。生徒たちは、私たち人間は手足を動かすときに発熱していることに気づきます。また、私たちの新陳代謝の器官「動く部分、汗をかく器官、排泄する器官」は「人間の下の部分」にあり、手や足が寒さから身を守るために温かい熱を保っていることにすぐに気づきます。逆に、頭の場合、顔はかなりの寒さを耐えることができます。昔からのドイツのことわざに、「困難な状況に置かれたときは、頭を冷やすことが大切だ」という言い方があります。ここで言えることは、新陳代謝には解体していく基本があり、反対に頭の部分には形成していく基本があるということです。つまり、手足の部分はいつも動きますし、新陳代謝にしてもいつも汗をかいたり、排泄したり、消化したりして動き、発散する要素をもっています。逆に、頭は手足のようにいつも動いたりせず、脳が頭蓋骨で覆われて守られ、静寂を保つように固定する要素があります。

先生がそういった研究をすることは、最終的には授業の準備とつながります。それは栄養学を教える上でとても重要な鍵ともいえる部分であり、栄養学を学ぶポイントと言えます。そして実際に学んでいくなかで、植物の三つの異なった部分が人間のそれぞれの部分に作用することを見通し、理解することができます。生徒たちは、私たち人間が植物を食べた場合、植物の根は人間の頭に、実も含めた花は私たちの手足にあたる新陳代謝に作用し、植物の真ん中（葉や茎）は私たちのリズム系統に作用するのではないかとすぐに気づきます。

さて、これらを学んだあと、食べられる植物について調べてみます。まず、できるだけ多くの種類の実や花を書き出し、真ん中の部分にあたる野菜（葉や茎を食べる野菜）を取り上げ、最後に私たちが知っている根菜を書きました。生徒たちは、夏の太陽の光をいっぱい浴びて熟した果物のなかには、熱的な要素がふんだんに含まれることに気づきます。また、熱は消化を助けることから、太陽の光をいっぱい含んだ果物などは消化しやすいことに気づきます。果物のシロップ煮などを食べると、太陽によって熟した実（太陽によって調理されたようなものです）である果物をもう一度コンロで調理することによって、さらに消化しやすくなることがよく分かります。反対に、根を食べる野菜であるわさびや大根、ラディッシュを食べるときには、目が覚めるような辛さが頭や感覚器官にとても大きく作用することがすぐに分かります。根菜は地中にある塩分を吸収しますから、根菜は塩分を含み、私たち人間に必要不可欠である塩を渡してくれるからこそ、はっきり目覚めるわけです。一方、たとえば土の下に「沈んだかたまり」であるジャガイモの場合、私たちが食べているジャガイモの部分はじつはかたまりになった植物の茎にあたります。

じゃがいもをたくさん食べると、頭がぼんやりするように感じる体験をすることができます。

この年の生徒にとって大切なのは、人間と自然がどのようにつながっているかを意識することです。以上の例からも、たくさんのことがはっきりします。担任の先生にとっては、授業を通して生徒に人間と自然との関係を見つけるための鍵を渡すことができます。すべてのなかにつねに三つの構造が含まれるという見方は、授業の準備をする先生にとっても授業を受ける生徒にとっても感動的な発見です。先生が感動するということは、クラスのためにも父母会に訪れた親たちのためにもとてもいいことです。先生の話を聞いて感動した親や、子どもから栄養学の話を聞いて食生活を意識するようになった親たちのなかには、この三種類の植物を使って、毎日の食事の準備をするようになる親もいることでしょう。

さまざまな国の民族学―現代人のために大切なテーマ

シュタイナー学校の生徒たちは、現在、世界各地で起きている民族紛争について、どのように取り組んでいるのでしょうか。

シュタイナーは当時（一九一九〜二四年）、六年生から八年生の生徒に対して、民族学についてのお話を用意するよう提案しました。今日、このテーマがどれほど大切になるか当時は誰も予想できませんでした。生徒は外国語の授業のなかで、さまざまな国や民族、文化について学びます。しかし、この学年では、外国語の先生は文法などはすでに習ったことを深めるだけで、言語以外のその国の文化や風習、風土について学ぶことを重視します。担任の先生は、できるだけ多くの民族についてその民族の特徴や生活習慣、風習などについて真剣に学び、生徒に親しみやすいイメージを伝える課題にぶつかります。生徒はそれぞれの民族の特徴を学ぶことによって、まったく違う風土に生きる民族に対して、ときには過酷な条件のなかで力強く生き抜く民族に対して、心から尊敬の気持ちが湧いてきます。クラス全体が、ある民族に対して、尊敬できる気持ちをもつことが大切なのです。

八年生が読む本としては、ヨハン・ゴットフリート・ヘルダー氏が書いた『人類の歴史の哲学的理念』という本をお勧めします。この本を読むことによって、北と南、西と東の民族間の文化的な違いを比較することができ、それを調和する要素としての真ん中の国の民族を取り上げることができます（たとえば、ドイツを真ん中とした場合、北欧と南欧の国の民族などを比較します）。それによって、生徒が人間を理解するための新しい鍵をもらうことができ、ほかの民族や人間に対する深い興味が湧きだすのです。

そのほかのエポック授業

物理学の授業では、生徒たちは、もうすでに力学、てこの原理、機械工学の領域について学ぶ能力を持ちはじめています。なぜなら、生徒たちが自分のからだの骨格の働きを無意識のうちに感じることによって、機械工学、力学、てこの原理に対して深く理解するための力を育てることができるからです。骨格の発達にともなって、その外的なイメージである機械についても理解できるようになるのです。また、骨はからだのなかでは機械のように複雑な構造を持っています。次の実験では、どの担任の先生も、自分が先生として本当にユーモアがあるかどうかを試すことができます。生徒たちは、音響学、光学、熱学、電気学、磁石を学んだあと、最初の力学の授業で、てこの大切な役割を学びます。滑車の原理は、力の弱い女の子がとても重い相手を簡単に持ち上げられることと関係があることを実際に体験します。それはだれでしょう。担任の先生です。シュタイナー学校では、七年生のために、教室の天井にかけくぎやとめがねのようなものがかかっています。また、校舎の高い階段の上にそういったしかけがある場合もあって、そこで滑車を使った実験ができます。その滑車には、子ども用のブランコのような椅子がついています。何と生徒たちは、先生を長時間天井にぶら下げておくいたずらを思いつきました。心から同情して彼を下ろしてくれる生徒や先生が来るまで、先生はひとりぼっちで天井にぶら下がっていなければいけません。この体験は七年生の生徒にとってどんなに忘れられない喜びになるでしょう。ここで先生にユーモアがなかったら、授業はいったいどうなるでしょうか。

生徒にとって生物学について学ぶのは四年目になります。その順序としては、まず人間についての考察からはじまり、動物について学び、その一年後に植物の世界について学びます。六年生では、自然界でいちばん最初の段階［鉱物界＝ミネラル。最初の段階であり、生命力はない。植物界＝ミネラルと生命力をもつ。動物界＝からだとしてのミネラル、生命力、感情をもつ。人間＝からだとしてのミネラル（死んだあと、地上で朽ちる）、生命力、感情、自我をもつ］にある鉱物学が授業の中心でした。さて、七年生では、ふたたび人間について学びます。鉱物、植物、動物、人間という四つの領域のなかから、人間にかかわる分野である栄養学と健康学について生徒たちと学びます。

数学については、七年生の終わりまでにできるだけ先に進んでいる必要があります。ここでは生徒とともに、利息、金利と百分率の計算の仕方を学びます。六年生のときにすでに最初の「代数学」を学び、何度も練習した生徒は、マイナスの数の世界に対して少しずつ自信を持ちはじめます。また、七年生の時期には、累乗や平方根の計算といったさまざまな数や、最初の方程式の解き方を学びます[36]。

歴史の授業では、教師も生徒もとても楽しむことができます。七年生で近代の幕開けを迎えるからです。大航海時代、新大陸の発見、探検と、とてもおもしろい話題が次から次へと出てきます。新大陸の発見だけでなく、印刷技術などの新しい発明もとても大切な要素になります。また、内容は宗教革命から三十年戦争に及び、もちろんこれもとても重要なテーマになるのです。

国語（ドイツ語）の授業では、作文の書き方と、一般的な手紙の書き方として事務用の手紙の書き方を学びます。そして、クラス全体で年齢にふさわしい文学を読み、文法の領域はさらに広がり、文章の正しい書き方を学び、長い文章としての長編詩の世界に入っていきます。そして、いくつかの長編詩を生徒たちと暗記して学び、クラスでいっしょに朗誦します。

幾何学では、正確に計算することだけが重要な課題ではなくなり、実証し、説明する方法と、規則正しい練習が特に重要視されるようになります。判断力を育てるための意志の力が強まります。そして、新しい分野である作図の授業のなかで、線の種類や作図を通して生徒たちは遠近法について学び、透視画法の基本を学びます。そしてそれらを練習していくなかで、子どもたちは作図の仕方についても学んでいきます。

地理では、ほかの大陸にも目を向け、さまざまな大陸の動物、花、鉱物の世界に注目し、とくにそこに住む人々の生活様式、気候、農業、工業、貿易について、生徒といっしょに話します（多くは、民族学とお話の時間のなかで話されます）。

そして、地理と関係する天文学的な観察も進んでいきます。しかも、北極や南極の星空に重点が置かれるようになります。天文学は、時間が許すかぎり特別なエポックとして七年生の移動教室の時などに行なうことができます。

このような七年生の終わりに、担任の先生はだれがこの時期にいちばんたくさん学ぶことができたか、考えてみることができるでしょう。しかし、先生はそれがだれだかよく分かっています。もっとも学んだのは生徒ではなく、自分自身だからです。

第15章　八年生

なぜ八年間も同じ先生に学ぶのか

今日でも、シュタイナー学校では、クラス担任は本当に八年間も同じクラスを担任する必要があるのか、というテーマが問われます。『クラス担任の授業教材』という本のなかで、ゲオルグ・クニーベ氏は次のように述べています。

「シュタイナー学校の歴史では、最初から八年間のクラス担任が行なわれていたわけではありません。最初は八年のあいだ、二人の教師が交代して中心授業を行なっていました。その後、次第に一人の先生が八年間ずっとクラスを担任するようになりました。その理由としていちばん多く上がるものは、第二『七年期』（七歳から十四歳）の時代は、一人の先生が継続して子どもたちを導いていくことが大切だ、ということです。この八年間は、多くの場合、よい結果をもたらします。この結果は、先生の人間性にかかっています。短すぎるという人もいれば、長すぎるという人もいますが、それぞれの意見を取り上げ、比較検討することが大切です[37]」。

それぞれのシュタイナー学校は独立して学校を運営していますから、こういった問題についても学校ごとに対応しています。たとえば、南ドイツのシュタイナー学校では、最近になって、担任の先生が生徒を六年生まで担任することに決めました。七年生から九年生にかけての移行の時期については、親とともに学校独自の中級学年の担任の方法を考え出し、九年生からの上級学年への橋渡しになる新しい学校編成を行ないました。一般的には一年生から八年生までは同じ担任がすべての授業を受け持ち、九年生から十二年生までの上級学年になると担任の先生は一週間に一回のホームルームを行ない、中心授業のエポックはテーマごとに先生が変わりますが、新しい試みとして、一年生から六年生までは同じ担任がすべての授業を受け持ち、七年生から九年生までと、十年生から十二年生までは別の担任の先生に変わる学校もあります。

世界中にあるシュタイナー学校を見ていくと、それぞれが属する国の法律によって、担任の先生がクラス担任をする時期を制限されることもあります。オランダとベルギーでは、クラス担任は六年間しか同じ生徒を受け持ってはいけないと国の法律で定められています。しかし、クラス担任をする時期が世界中で違っていても、授業のカリキュラムそのものは同じ時期に進められること（たとえば自然科学は三年生ではなく五年生から授業が始まります）がいちばん重要になるのです。

八年間というクラス担任の期間についての問題は、担任の先生の力量にかかっています。それは、成長する自分の生徒たちの発達段階とともに、自分の授業の展開の仕方も発展させ、変化させ、生徒との深いつながりを保つことができるかどうかにかかっています。担任の先生にとっては、とても柔軟に考えることができ、変化しつづける能力をもつことがとても大切です。そうすれば、さまざまな学年の生徒に対して授業をするなかでそれがどれだけ大事かよく分かるでしょう。クラス担任は、さまざまな学年にふさわしい、生徒が必要としているものをつねに準備する必要があります。もし先生が自分の生徒とともにつねに進歩しようと思い、つねに自分が学ぶ存在であることを忘れずに取り組んでいけば、シュタイナー学校に対してよく批判されるように、生徒が一人の先生の同じやり方にあきあきし、かたよった考え方しか学んでいないなどということにはならないでしょう。実際には、こういった批判とはまったく逆であることがシュタイナー学校の長い実践を通して証明されました。担任の先生は、子どもたちの見本となる人間の一人であり続け、生徒たちを子ども時代のそれぞれの決定的な時期につねに助け、導いていける可能性をもっています。先生は子どもに対してとても大きな教育的効果をもっており、たくさんの先生は七年生、八年生の二年間のクラス担任のなかで、科学や物理、天文学などの自然科学に取り組むなかで、ある程度専門的な力がつきました。この学年の授業でとても大切なのは、実際に授業を展開する先生の努力が生徒の学びへの興味と結びつくことです。

担任の先生がたくさんの分野の授業をすることによって、すべての分野を関連づけることができます。歴史、地理、天文学、鉱物学、植物学といったさまざまな授業は、すべてつながっているのです。公立学校のように国語、算数、理科、社会にきっちり分かれているのではなく、すべての科目が関係しあい、どの分野にも共通する崇高な法則（たとえば三つの構造など）があることを先生はいろいろな角度から取り上げ、教えることができます。たとえば一年生から八年生まで、同じテーマをそれぞれ違う角度から取り上げ、発展させ、最終的にはある結果としてまとめることができます。そのように長い年月をかけていっしょに取り組んだことが、教師と生徒のあいだのとても固いきずなを作るのです。

シュタイナー学校のクラス担任の仕事はとても大切な課題を持っていることが、この本からもお分かりいただけたのではないでしょうか。いずれにせよ、担任の先生はとても大きな課題にのぞんでいるのです。幸い、私は八年間の担任を連続して受け持つことができ、たくさんの生徒を受け持ったのですが、その経験から、最後の学年では何がとくに大変か、それでも八年間のクラス担任をすることの大切な意味は何かについて、次のように言えます。まず八年生の生徒の思春期特有のふるまいは、私たち担任の神経をすりへらすほど大変なものでした。しかし、いくつかのエポックについては、総合的なまとめができました。このことについては、次の節で詳しくご紹介します。

人間学から見た若者の状態

会話のなかで「思春期」という言葉が出てきたら、たいていの人は「本当にむずかしい年頃だ」と思うでしょう。八年生の生徒は、思春期の時期を通りすぎていきます。担任の先生には、この思春期の変化を正面から受け止め、ユーモアを発揮するチャンスがたくさんあるのです。シュタイナー学校では、思春期の時期を若い人間が「地上にしっかりと根をおろした時期」という言い方をします。地上に熟したもの、到達したものと表現する場合もありますが、いろいろな例を通して「地上にしっかりと根をおろした時期」とは何か、分かるようになるでしょう。

生徒たちは、まったく新しいかたちで世界と関係を持ちはじめます。私たち大人も、彼らの外見が大きく変化しはじめたことに気づきます。背が急に伸びはじめ、女の子と男の子ははっきり見分けられるように、まったく違った成長をとげます。しかしその発達の過程で、心はとても混沌とした状態になります。彼らはあらゆることに大げさなくらい過敏に反応します。たとえば女の子の場合は生意気になり、反抗的になり、感情的になって反発する傾向が出てきて、まるで自己顕示欲のかたまりのようにふるまいます。担任の先生は、生徒が先生からだんだん離れていき、先生の「尊敬される時期」が終わったことを知り、むずかしい状態の生徒に対して、落ちついて対応することを学ばなければいけないことに気づきました。一方、生徒も自分の容姿の急激な変化や声変わり、からだの発育など、今まで体験したことのない変化に気づき、自分自身の悩み多い時期の問題について、自分で解決していかなければいけないことを学びます。クラス担任の先生がほかの教員たちともとてもいい関係を築けたら、彼らとすべての問題を話しあうことができます。クラス担任は、ある意味ではとても孤独な存在になるのです。もう生徒たちはなついてこず、いつも反抗的で、面倒くさそうな素振りをするようになります。その事実を最初はきっと信じたくないでしょう。また、専科の先生たちとクラスの生徒との間には、たくさんの問題が起こります。そういうとき、専科の先生はクラス担任のところに行って相談したり、不満を訴えたり、悩みを打ち明けたりすることができます。クラス担任は、専科の先生にとって最後のとりでなのです。では、クラス担任は、いったい誰を最後のとりでにすればいいのでしょうか。

以上のようなできごとが、八年生のクラス担任の取り組みをむずかしくするのです。ここで大切なのは、生徒の状態を真剣に理解しようと努めることです。クラス担任は、自分に問題が降りかかるたびに、そこから学ぼうという意志を持ち、自分の個人的な問題を最優先しないことがとても大切です。この八年生という年は、担任にとって自己コントロールを学ぶとてもいい機会です。たとえば、自分で自分をコントロールする必要があるのは、先生にとても敏感に反応した生徒に対して、先生がとても厳しくきつい叱り方をして一人の生徒をみんなのまえでさらし者にして傷つけたり、何人かの生徒をひいきしたり、無視したり、権力をふりかざしたり（一方的に罰を与えたり、自宅謹慎させたりし、学校の権力で子どもを裁き、子どもの心のいとなみに目を向けない対応の仕方）するときです。不正、不当、不公平に対して、この年の子どもたちは非常に敏感です。一方で、それは先生が自分自身のふるまいに気づくとてもよい機会になるのです。この時期以外で、いつそういうことができる機会があるでしょうか。

先生の権威が以前よりも弱くなったのは、生徒が健全に育っているからです。生徒は、いつかは自力で自分の道を切り開いていけるようになる成長の過程にいるので、いつまでも先生のいうことをうのみにし、依存してはいけません。生徒は先生に反抗しながら、じょじょに自立する力をつけていくのです。しかし、担任の先生が新しい授業の教材に興味をもち、生徒にふさわしい授業を展開することができれば、生徒たちは先生と新しいつながりができたことを感じるでしょう。そして、担任にはまだ少しは威厳がありますから、新しく目覚めた生徒たちの思考力を鍛え、生徒たちがより自立した判断力を持てるように導くことができます。

さきに出てきた八年担任には本当に意味があるのかという問いに対して、これから出てくる特徴的なエポックの例を取り上げて、最後のまとめをクラス担任がするのがどれほど意味があることか、きっとお分かりいただけるでしょう。

人体解剖学のエポック授業

生物学の分野のなかで、八年生の先生は、骨と筋肉の構造、感覚器官（たとえば目の構造など）といった人間の運動器官のエポックに取り組みます。

この年の生徒が人間の骨格について、重要な観察ができるようにするには、どうすればいいでしょうか。ここでも、観察のなかで見つけた現象に取り組むことによって、今まで経験してきたことと関係づけて学ぶことができるかもしれません。

まず、最初に生徒といっしょに頭蓋骨を観察します。頭蓋骨についての説明をひと通り聞いてから、子どもたちはそれをスケッチします。まず、一つひとつの頭蓋骨の骨の名前が説明され、生徒はそれを記述します。次に、頭蓋骨全体を説明します。頭蓋骨全体を見ると、上の部分はとても丸く感じられます。手足の場合はどうでしょうか。手足はまっすぐに伸びる直線の要素をもっています。からだから直線的に離れていく様子は、まっすぐな光線のようにも見えます。そのほかにもからだのなかに対照的な部分がないか、生徒たちに探させてみます。たとえば、丸い頭蓋骨が内側にあるとても繊細な脳を包み込んで守っているのとは逆に、まっすぐの管のような手足の骨の場合は外側の筋肉が柔らかく、なかの骨が固いために、内側から支えなければいけません。ここですぐに分かることは、たくさん動く手足などは、内側にある軸としての骨と、外側にあって頑丈な軸のバネやクッションとなる働きをする筋肉によって構成されていることです。手足とはまったく対照的に静寂の要素をもつ頭は、手足をさかんに動かすための骨格の動きにまどわされないよう、いちばん上に置かれているのです。もしも頭が手の先にあったら、頭はいつもぶらぶら揺れ、落ちついて思考する能力は持てないでしょう。それ以外に生徒が観察したことは、頭蓋骨はそれぞれの骨がしっかり組み合わさりながら発達したということです。

そのあとに、生徒たちと骨格の真ん中を占める肋骨を含めた胸郭について観察します。この観察では、胸郭は丸みを帯び、まるで頭蓋骨のようにすべてを包み込み、守るようなかたちをしており、頭蓋骨の要素を持っていることに気づきます。一方、下の方の肋骨の場合は、とても薄く長く伸び、光線的な腕の形に似ています。それは動きをともなった要素であり、呼吸の際に胸郭が広がったり、収縮したりすることからすると、手足の要素をもっているともいえます。からだの真ん中では、この頭的な要素と手足的な要素が同時に形成されています。ではそれはどんな働きをするのでしょうか。胸郭は等間隔に並ぶ肋骨などで形成されていますが、骨と骨との間は間隔が開いています。また、上の方には丸みを帯びた閉じた骨があり、まっすぐな背骨が通っています。つまり、頭的な丸い要素と、手足的なまっすぐの要素という対照的な要素をあわせもち、丸と直線がくりかえすリズム的な要素をもっていることを生徒とともに発見することができます。直線と曲線がかかわりあって動いているこのリズム的な要素を、三つ目の要素と見なすことができます。

このようにして特別な現象に注目させることによって、より詳しい観察へと子どもを導くことができます。ゲーテはみずからの現象学的研究を通して、すばらしい発見をしました。それは、生き生きとした生命を持つものは、それぞれの部分が全体を映し出しているという見方です。つまり、一つひとつの小さな部分の中に全体が再発見できるということです。人間の場合は、からだのどの部分を見ても、人間全体が映し出されています。では、頭蓋骨の場合、人間のからだ全体はどのように反映されているでしょうか。生徒たちは、それをとても関心をもって探し出します。頭蓋骨の部分についてこのような観察をすると、クラスの生徒は額の部分は丸みを帯びていて、包み込み、守る要素がもっとも強く、頭蓋骨のなかでいちばん美しい曲線を作り上げていることにすぐに気づきます。しかし下の部分であるあごはよく動くことから手足の要素をもつともいえ、二つの長く伸びた骨格が組みあわさって発達していることを発見することができます。頭蓋骨の真ん中には、リズムの要素も発見することができます。それは、鼻で呼吸をすることです。頭蓋骨の内側にあるからだの構造のうち、上顎洞、鼻腔、前頭洞はすべて空気の通り道です。この三つの部分は歌うときや話すときにとても大きな役割を果たします。もちろん私たちが呼吸するためにも必要です。

このように生徒とたくさんの取り組みをするとき、すでに学んだ鍵の助けを借りることによって、ある深い関係を見つけることができます。たとえば足を取り上げても、さきの例と同じく、人間全体が足に反映されていることが分かります。まず、かかとには頭の要素を、いちばん動きが激しい爪先の部分には手足の要素を見つけることができます。真ん中の土踏まずの部分は、歩くときにつねに上がったり下がったりします。そのことによって歩行時に足にかかる体重や圧力を和らげる機能があり、クッションの要素をもっています。また、ひざの関節は柔軟な歩行を可能にします。

このような観察をすると、本当に感動し、驚くことができます。そして、すでに学んだエポック授業の分野との橋渡しをすることもできます。たとえば、エポックで人間と自然の植物との関係を実際に体験することによって、生徒はさらに深く栄養学を理解しましたし、化学では三つの要素が人間と関係があることを知りました。そして民族学では、ヘルダー氏が述べたように、北の民族、南の民族、「真ん中の」民族というような見方をすることができます。八年生の最後に、先生はすべてのエポックに共通する人間とその法則（三つの構造）と世界（自然界にも三つの構造があり、植物学、化学、民族学にも三つの構造がある）との関係に気づき、人間と世界が深くかかわりあっていることを知るでしょう。それは、「内にあるものは外にあり、外にあるものは内にある」というすばらしい世界観です。そして担任の先生は、これらの知識を、鍛冶職人が鉄を鍛練していくようにたんねんにつくりあげ、生徒に伝えていきます。つまり、この課題は先生の実力次第なのです。子どもは何ができるようになり、何がまだできないかということは、担任の先生だけが知っています。担任の先生は、上級学年（中学三年～高校三年）のさまざまな専門分野の先生にクラスを託す前に、すべてを総括し、まとめることが大切です。

気質学のエポック授業―国語の授業で文体を学ぶ

明確で分かりやすい事務的な手紙の書き方を生徒たちは何年も練習してきました。そこで重視されたのは、事務的で明確かつていねいな、よく推敲された文章を書くことでした。その際、個人の微妙な感情の動きには重点は置かず、クラス全体として出す事務的な手紙や申し込み書の書き方を学びました。たとえば、移動教室の宿舎の申し込みなどの移動教室に関係する手紙、クラスで何かを注文する手紙、苦情の手紙、請求や交換を要求する手紙などです。実際にシュタイナー学校の事務の担当者に聞いて、自分たちが書けそうな事務的な手紙の仕事を引き受けたりもしました。

八年生になると、まったく対照的に、芸術的な文章の書き方に取り組みます。生徒たちはさまざまな偉大な詩人や小説家の文章を研究し、文章の内容ではなく、表現の仕方がどの気質にあたるか、自分たちで取り組んでみます。ここで、担任の先生は二つの課題を持ちます。一つ目は、それぞれの気質について子どもたちの前で表現し、いっしょに見つける課題です。二つ目は、生徒といっしょに気質の特徴を知るためにはいったい何が決め手になるか探していく課題です。

授業のなかでの気質の表現

担任の先生にとって、気質という概念はとくに新しいテーマではありません。なぜなら、担任の先生は、入学当初から、つねに子どもたちの気質に取り組んでいるからです。この気質の概念は、授業をする上でも、先生にとってとても参考になります。子どもをよりよく理解するだけでなく、授業そのものを気質に合わせた方法でたくみにつくりあげることができるのです。シュタイナーは、教師が子どもの気質を学ぶと同時に、自分自身の気質とつねに正しい方法で取り組むことこそ、教育にとって重要な要素だと述べています。さて、八年間の共同の学びのなかで最後に試みるのは、生徒たちに四つの気質の重要な特徴を生き生きと伝えることと、ある気質がほかの気質とまざりあった場合にはどうなるのかということにも取り組むことです。

このエポックのはじめに、先生自身が子どもの前で演技をしてみてもいいでしょう。たとえば、生徒が教室の中に入って先生にあいさつするときに、このクラスが一年生のときにはどのように見えたか、四つの気質がそれぞれ反映されるあいさつの仕方を実際に生徒の前でやって見せるのです。このときのクラスの様子をお伝えしましょう。生徒は最初はかならずにやにやしながらながめていますが、そのうち大げさにおなかを抱えて笑いだし、とまらなくなります。このように、生き生きとした演技をして、子どもたちに気質の種類を見せるのです。残念ながら、読者のみなさんの前で私が実際に演じることができません。どうぞ、次の例から、四つの気質の特徴を感じてみてください。ここで大切なのは、それぞれの子どもたちが、どのように廊下を渡って担任の先生のところに来て先生と握手するか、どのように先生を見上げるか、どのように先生にあいさつするか、どのように自分の席に着くか、みなさんが読むときに一つひとつの気質ごとにまったく異なった読み方をしてほしいのです。そうすれば、さまざまな気質についてよく分かります。

最初の生徒、クルトがやってきます。彼は元気よく廊下を歩き、力強い歩みで教室に入ってきます。その足音を聞き逃す人はいないでしょう。さて、次はあいさつです。彼は、先生をまっすぐ見つめ、しっかりと握手をします。手をまっすぐ伸ばし、先生の手をぎゅっと握る様子は、彼の行動力の豊かさを示しています。そして、元気よく、しっかりとした姿勢であいさつします。「エラー先生、おはようございます」。短く、歯切れのよい、強い表現の仕方です。あいさつが終わりました。さあ、次は何でしょう。彼は、新しい目標に向かって、確かな足取りでクラスに入ります。自分の席に向かい、席につきます。ぼくが座ったからには、授業はすぐにはじまらなければいけない。早く授業をはじめてよ。

胆汁質の子どもの特徴は、このように表現できます。

二人目の子どもはエミールです。とても静かで弱々しい足取りで、少しふらふらしながら歩きます。穏やかでやさしいその表情は、夢でも見ているかのようです。彼はまったく先生に気づいていないようにも見えます。けれど、先生に向かって微笑みます。よかった。先生が先に手を差し伸べてくれたから、エミールは先生の前を素通りせずに、あいさつすることができます。とても落ちついた様子で先生を見て、小さな手をゆっくりと差し出し、そっと先生の手に触れるだけでしっかりと握りもせず、とてもうれしそうな穏やかな微笑みを浮かべます。あいさつをするときも決して急がず、その瞬間を満喫しています。そして、教室の中に目を向けると、彼の微笑みは次第に消えていきます。彼はいつもと同じように自分の席を見つけ、授業がはじまるまでしんぼう強く待つことができます。

これが粘液質の気質の子どもの特徴です。

次に、とてもほがらかなハンスがスキップをしながら、軽やかな足取りでやってきます。今日は彼の隣に同級生が一人います。今日からこの子はぼくの親友だ。だってとっても優しいから。ハンスは、昨日のできごとをその同級生に話します。彼を信じきって自分の秘密を全部うちあけてしまうのです。彼は「あ、こんなところに先生がいる」と、扉の前に立っている先生にふいに気づきます。そして、先生に心からあいさつしたくてそれまでの話を中断し、すぐに先生にあいさつをします。それは彼にとってはごく自然なことです。さて、手を優しくていねいに差しだして「握手」（ちょっと触って、すぐ離します）。明るく光り輝く目で先生をさっと見て、早口であいさつの言葉をいいます。そして、すぐに視線をそらして先生を上から下まで何度か見たあと、次のことに気づきます。「先生。床屋に行ったの？」「先生、新しいヘアスタイルですね」「先生、新しいネクタイを買ったんですか？」。そして、短い間を置いて（このとき、握手した手はすでに離れています）、いきなり額にたてじわをよせ、心配そうな顔で「ぼくのハムスター病気なんだ。でもぜったい良くなるよ。お母さんがそう言ってるから。ぼくもそう思う」と言います。その後、教室に入り、たくさんの友だちのところに行きます。でも、まだ自分の席にはつきません。自分の席につく前にたくさんすることがあるからです。
　多血質の子どもは、きっとこのようにふるまうでしょう。しかも、そのふるまいは毎日変わります。どうかぼく
　内気で神妙な足取りで、自分のクラスの扉をじっくり観察し、近づいてくる生徒がいます。どうかぼく
のことに気づかないで、と祈るような様子です。次の生徒は、エアンスト君です「ドイツ語の「エアンス
ト」はまじめという意味です」。彼は、自分の前の生徒が先生と話し、握手するあいだ、少し離れて立って
います。彼はこう考えています。「ハンスは何て先生にたくさん話すことがあるんだろう。先生はそれが好
きなのかな。だったらぼくは邪魔をしたくない」。彼は、ハンスの病気のハムスターの話を聞き、心から同
情しています。「ああ、かわいそうなハムスター。かわいそうなハンス。本当にかわいそうだ。あとでハン
スをなぐさめてあげたい。さて、ハンスは終わったかな」。そして、とても注意深く様子をうかがうように
先生に向かってあいさつします。手はとてもていねいに差し出されます。先生を信頼した慎重な「手の握
り方」で握手をします。エアンスト君は、自分の内心を隠しておきたいかのように、先生を不安そうに見
上げ、静かな声で、しかしとても尊敬の眼差しをもって先生にあいさつしてから、手がゆっくりと慎重に
離れていきます。教室に入っていくときにも、あいさつしたときの気持ちを引きずっています。「先生は
今日もぼくの顔を優しく見てくれた。とてもうれしかった。先生もハムスターをかわいそうだと思うのか
な。ハンスはどうだろう。あとでぼくはハンスのところに行かないといけない。でも、どうしよう。ぼく
のうさぎも病気になってしまったら」。彼は、いちばんの近道を通って、自分の席に向かいます。「できれ
ば今日は、この前みたいにばかにされたくないな」。やっと席につきました。「ああ、よかった。今日もう

まくいった」。

憂鬱質の子どもは、このようにふるまうでしょう。

なぜ八年生で気質学を学ぶのか

クラス全体で四つの気質を考察することによって、生徒は一年から八年まで自分たちが知らずにつきあっていた気質を意識するようになります。おなかを抱えて笑っているうちに自分自身に気づき、クラスの友だちのことも新たに分かるようになり、理解しあうことができるのです。このあと、クラスは、四つの気質の特徴を明らかにすることに取り組みます。最初の胆汁質の文体では「先生、おはようございます！」「さあ、はじめよう！」といった短くはさみで切ったような表現や、たくさんの感嘆符を体験することができます。

感嘆符の多い文体は、まるで胆汁質の生徒が歩いていくときのように、行動力の豊かさやみなぎる力、エネルギーあふれる決断力を感じさせます。そして自分の目の前にある目標に向かってまっしぐらに進んでいきます。あきらめず、最後まで徹底的に目標を実行します。前節で見たように、粘液質の子どもは歩き方で分かります。手の握り方や目つきはとても落ちついています。心地よさ、満足さ、心の快適さは、いつも自分がおだやかに満足しているようです。また、規則正しくくりかえされるすべてのものを満喫し、体験し、そして一つのことをしんぼう強く続けることができます。忍耐、持続力、いつもおだやかでしんぼう強い態度は、この気質だけの特徴です。なんとすばらしい特徴でしょう。

以上のように、粘液質と胆汁質については、対照的な気質の様子を観察することができ、それぞれの特徴を端的に表現することができます。粘液質はいつもとても心地よい状態が好きで、自分の今の状態を変えようとしません。反対に、胆汁質はいつも目標に向かってまっしぐらに進み、ある目標に到達したら、次の目標を目指し、つねに一つの場所にとどまりません。

では、多血質の生徒はどうでしょうか。軽やかで、ほがらかで、次々に新しいできごとに興味を持ち、たくさんのことを見聞きし、何事にも敏感で、自分の好きなものにはぱっと飛びつきます。また、誰とでも、すぐに心を開いてなかよくなります。彼の旺盛な好奇心はクラスのなかでもとても好かれ、その愛嬌のよさからいつもクラスの人気者です。彼の魂の豊かさは、とてもほがらかな笑みを浮かべた表情に現われています。もちろん心配事もありますがすぐに解消します。病気のハムスターの悲しみを教室に入ったとたん忘れてしまったように、彼は世界とすべての美しいものを愛しています。

憂鬱質の生徒は、多血質の生徒とは対照的にふるまいます。とても慎重かつまじめに、寛大な心で、彼は世界と出会います。彼は、自分の頭のなかの世界、感情の世界、夢の世界、落ちついた気持ち、静かな環境を愛し、とても繊細な感覚で反応し、内向的になりがちです。その様子は、さきほど見た通りです。彼は、ほかの人の邪魔をしないよう、いつも注意深くふるまいます。いつも遠慮がちで、自己コントロールや自己批判ができるため、他人の苦しみを心から共感でき、ともに苦しむことができるのです。

四つの気質について詳しく学ぶことによって、生徒はこれまで長いあいだ自分がしてきたことや体験したことをはっきりと意識することができます。とても新鮮で、愉快で、おかしい、突拍子もない反応からはっきりするのは、生徒はとても詳しく四つの気質について知っており、それでも一つの気質をばかにしたりしないで、すべて真面目に受け止めていることです。ここで大切なのは、たとえ同じ気質を持っていても、どの人間にもほかの人間とは違った、ただ一つの個性があることを生徒にしっかり理解させることです。

化学の授業では、七年生と八年生のときに四大元素（地・水・火・風）を学びます。たとえば、ギリシア人にとって、この四大元素はすべてを認識する上で欠かせない要素でした。ここでおもしろい試みとして、生徒に四大元素と四つの気質とを関連づける課題を出してみましょう。まず生徒が気づくのは、胆汁質と「炎」の要素の関係です。多血質は「空気」と、憂鬱質は「重いもの」とそれぞれつながっていることに生徒は気づきます。大地の要素は重くのしかかるものです。また、粘液質の場合は内面の均等を保つことを、液体がもつ「流れる要素」になぞらえることができます。たとえばそれはリンパ線のようなからだのなかの液体的要素です。

ほとんどの八年生は、どの人間の気質の中にも四大元素が含まれることを知っていますから、その特徴がいちばんはっきり現われるのはどこか、探させてみます。すると生徒はにやにやしながら、先生の気質を見つけ出そうとするのです。

気質と文体

これまで学んだ気質の知識にもとづいて、文体の表現を見つけ出してみます。それは次のような課題です。生徒は文体の授業で、たとえば詩人がどのように自分の詩をつくり、どの気質の特徴で表現しているか体験し、感じることを学びます。ここでは、詩の内容ではなく表現の仕方に注目するのです。まず最初に、私は一つの物語を、胆汁質に合わせて激しく、粘液質の場合はおっとり、といった具合に、気質ごとに読み方を変えて、生徒の前で話してみました。これまでの授業では同じ文章を四つの異なった気質の読み方で読むようなことはしませんでした。なぜなら、これまでは内容と気質が関係しており、生徒の前では悲しいときはかならず憂鬱質的に読み、多血質的な読み方をするようなことはしなかったからです。どの生徒に対しても公平に扱う必要があるからです。それから、私たちは四つの気質にふさわしい文学と取り組みました。

私が表現したなかから最初に生徒が見つけたのは胆汁質の表現の仕方です。彼らは、その印象を次のように簡単な箇条書きにしてエポックノートに書き記しました。短く簡潔な文、たくさんの会話、たくさんの呼びかけ、たくさんの叫び声、だからたくさんの感嘆符が必要。話の構成はとても活発。動詞に重点が置かれている。文の冒頭のアクセントが強調される。言葉はがっちりして、するどく、そしてはっきり響く。

シラーの長篇詩「人質」を、私たちは暗記して学びました。そして声を合わせて詩を読む練習をし、その最初の段を読むときに、胆汁質の要素を見つけました。

支配者ディオニゾスのもとへ
ダーモンは短剣をふところに忍び寄った。
彼は追手の手中に落ちた。

「この短剣でいったい何をしようとしているんだ。離せ！」
凶暴なものたちは暗い目で答えた。
「町を支配者から解放する！」
「その報いは十字架で受けるのだ！」

この詩の表現の仕方に見られる胆汁質の特徴は、短い文、はっきりとした明確な表現、激しい感情、劇的な表現です。詩人は、非常に短い言葉で、わずかな段落の中ですべてを語りました。これより短くすることはできません。

八年生でよく取り上げられるシラーの『三十年戦争史』という本の文章には、胆汁質の特徴がさらにはっきりと現われています。

多血質について私が授業のなかで話すあいだ、生徒はおなかをかかえて笑い、とてもゆかいな雰囲気になりましたが、その話の中から生徒はたくさんの多血質の特徴を見つけ出しました。生徒たちは、多血質は軽やかな空気のような表現である、文章は泉のように湧いてくる、何でも知りたがる、自分が体験したこと、見聞きするもの、触るもの、味わうものすべてを取り上げる、たくさんの動きと柔軟さを感じ、受ける印象はすばやく変化するといったことを、まずエポックノートに書きました。

次の課題として、ベティーナ・ブレンターノが、自分の弟である高名な詩人のクレメンス・フォン・ブレンターノに出した手紙を読み上げたあと、生徒はその手紙に現われた気質の特徴を箇条書きにしました。

これまでと同じようにして、ブレンターノの手紙に見られる粘液質と憂鬱質の特徴について取り組んだのです。

また、それぞれの生徒に文章をさまざまな気質別に書き分けさせるのはとても興味深いことです。ある時、寝坊して電車に乗り遅れてしまいました。何とかして時間までにある場所に到着するにはどうするか、という課題を出しました。子どもたちはおもしろいお話をたくさんつくりました。全部が気質ごとにうまく書き分けられたわけではありませんが、生徒は自分とは違った気質になりきり、本来なら胆汁質ですぐに怒って爆発するタイプの生徒が、まるで粘液質の人のように、いらいらせず、寝坊しても落ちつきはらって、遅刻しても少しもあわてずに次の列車を待つような表現をしなければいけなかったのです。

気質どうしの影響

このエポックの最後に、気質という大きなテーマのなかのとても重要なことをもう一つ生徒に示します。生徒たちは、クラスという共同体のなかで同級生といっしょに過ごすことによって、自分自身の気質を知ることができます。たとえばある同級生のとてもいやなところが自分の気質の特徴だったりします。今まではそれに気づかなかったのです。胆汁質の生徒の中には、ほかの生徒が怒るのをがまんできない生徒がいます。また、同級生が自分にどのように反応するかを調べるのはとてもおもしろいものです。その反応から、自分自身のことや自分の気質がはじめてはっきり分かるからです。つまり、相手の対応の仕方に、自分の気質が無意識のうちに鏡に映るように反映されるのです。

「同じものは同じものを認識する」。これが気質学のもっとも大切な考え方です（一方、ホメオパシーの医療では「同じものは同じものを治療する」ことを重視します）。それぞれの子どもたちは、隣に自分と同じ気質の子どもが座ると、相手に自分の気質が反映されます。それによって、このようにはなりたくない、このような状態ではいたくないと、無意識に自己を認識することができます。そして、無意識のうちに自分の気質を紙やすりで磨くように少しずつ矯正します。だれでも、四つの気質の要素を自分のなかにもっています。教育者として努力しなければいけないことは、どれだけ時間がかかっても、どれだけ大変なことであっても、まずは自分自身の、そして生徒の気質の中の四つの要素を調和させることです。

以上のように、八年生の国語（ドイツ語）のエポックで、文章の様式と気質について学ぶ時期は、生徒にとっても先生にとっても自己認識を深める時期になります。この授業を自分たちを八年間ずっと知っている担任の先生が行なうことほど、若者になった生徒たちにとって大事なものはありません。

そのほかのエポック授業

さきに見たように、担任の先生がさまざまな領域の授業を教えなければいけないことや、生徒が先生から離れていく成長過程から、七年生でクラス担任を終えたほうがいいのではないかという問いに対する答えとして、この本の終わりで、これからどういったエポックが展開するか簡単に見ておきましょう。また、すべてのエポックを総括するための授業をクラス担任の先生が行なうことが本当にふさわしいかどうか、考えてみたいと思います。

歴史のエポックで三十年戦争から現代社会に至る経過を知ることは生徒にとってとても大切な体験であり、この時期に知るべきことでもあります。クラス担任が、今を生きる人間として現代に生き、現代社会の問題と取り組んでいる姿が、生徒にとっては何よりも重要です。

まったく同じことが、地理のエポックにもあてはまります。地理では、八年生の終わりまでに世界中の国を、気候、地質、地理、産業、民族学といったさまざまな観点から学んでいきます。

天文学では、たとえば北極の星空、赤道上の星空、北半球・南半球の星空といったように、地理と関連づけて授業をする先生もいます。最終的には、子どもたちは十二星座と惑星の観察ができるようになります。

物理学では、生徒はふたたび六つの分野（力学、光学、音響学、熱学、電気学、磁力）を学びます。たとえば、授業のなかで、自分で巻くことのできる小さな電気モーターを作ることもできます。それは、教師と生徒の共同作業の最高のクライマックスです。

化学では、デンプン、タンパク質、糖分、脂肪という最初の生命とつながる化学に生徒を導き、そこで四大元素を応用してふたたび教えることができます。すでに生徒は四つの気質について学んでおり、さらに詳しく四大元素を理解できるようになるでしょう。

数学のなかでは、とくに代数を深く学ぶことになります。生徒は、平面と立体の計算の方法を幾何学のエポックで学びました。八年生で立体幾何学（体積測定）の授業を行なったあと、自分自身で作ったプラトンの立方体を展示したり、天井からぶら下げることができます。この作業は、教師と生徒が協力しあえるとてもおもしろい作業です。

忘れてはならないのは、国語（ドイツ語）の授業のなかで、ゲーテとシラーの自伝を読み、彼らの作品について学びはじめることです。ただし、ゲーテとシラーについて本格的に取り組むのは上級学年（九年生）になってからです。

簡単ではありましたが、担任の先生がさまざまなエポック授業を自分で行なうことにどれだけ意味があるか、お分かりいただけましたでしょうか。そこには、少なくとも一年生のときにはじめたことを自分で終わらせ、八年生で完成させるという意味があります。

八年間のまとめ

この八年間の流れは、ドレミファソラシドの音階にあてはめることもできます。私は、学年のはじめの始業式のとき、講堂でのあいさつの言葉として、私たちがともにすごした八年間という歳月がどれだけ大切なものだったかを八年生の生徒たちに伝えたいと思いました。そこで私は、生徒の前で、縦笛をつかって七度（シ）の音階まで吹き、そこで突然やめました。すると、生徒たちは、その場で八度（ド）の音を豊かな表現で付け加えたのです。彼らは、私が話のあとに今度は「開放された」一オクターブすべての音（ドレミファソラシド）を吹いたとき、とても満足したのです。

八年生のクラスの劇

この学年の最後には、特別なクライマックスがやってきます。八年生を担任した誰もが体験し、そのためにどれだけ時間や労力がかかっても決して忘れられない思い出になるのは、クラスの劇です。この劇はシュタイナー学校の八年生の行事としてよく知られ、ふつう国語（ドイツ語）の授業のなかで題材を選び、練習し、舞台の上で発表されます。

劇はさまざまな題材から選ぶことができます。よく知られた大がかりな劇や、あまり有名でない作家の劇が選ばれることもあれば、クラス担任の同僚の先生が生徒のために書きおろした劇が選ばれることもあります。喜ばしいことに、今ではそういった劇の台本が公刊され、シュタイナー学校の先生たちに使われるようになりました。クラスの劇を準備するときは、本来の文章を省略したり、必要に応じていくつかの場面を書き換えたりして、できるだけどの生徒も役がもらえるよう、役を付け加えたり、組み合わせたりします。もちろん人数の多いクラスでは役が足りないので、主人公を二人で演じたりすることが必要になり、稽古の時間も二倍になります。

このクラスの劇ですばらしい取り組みができたら、先生と生徒とのあいだに新しい関係ができ、今まで知らなかったお互いの新しい面が見えてきて、より新鮮な関係をつくることができるようになります。この劇には、クラスという共同体のつながりを深める力があります。大きな喜びと、お互いに対する感謝の気持ちが、劇を成功に導きます。さまざまな楽しい経験や辛い経験を乗り越えた結果、この劇をこのクラスが演じたことは本当に正しかったと感じる担任の先生もいます。

研究発表

多くのシュタイナー学校では、担任の先生が八年生の生徒に「一年の研究発表」という課題を出します。これもとても興味深いクライマックスの一つで、八年のしめくくりとして生徒が自分の作品を同級生や担任の先生、親たちの前で発表できるというとても大切な時間を持つことができます。そこではお互いにとても驚き、尊敬のまなざしで研究発表を聞き、深いつながりがそこから生まれます。たとえば、意外な生徒がすばらしい研究発表をしてみんなをあっといわせ、その子どもの秘められた才能が研究発表のときに開花することもあります。

クラス担任にとっては、秋がやってきたようなものです。彼は深い愛情をもって生徒の発表に耳を傾け、生徒のすばらしい発表をまるで秋の収穫のように感じ、一人ひとりの生徒が実らせた個性的な実りの一部を、研究発表として体験できるのです。しかし先生は、自分が植えた種はその生徒のこれからの一生のなかではじめて実っていくことを知っています。その実りを先生が見ることはありませんが、それはそれでいいのです。

担任との別れ

最後の通信簿を渡したり、この八年を振り返ったりする終業式の前に、ふつうは親たちと生徒が「わが」クラス担任とのお別れのパーティーを催します。しかし、つらく、悲しい気持ちもついてきます。生徒たちは次に誰が自分たちの上級学年の担任になるか期待に胸をふくらませています。そして先生は、クラス担任を終えるちょうどいい時期が来たこと、専科の先生にすべての授業を託すふさわしい時期が来たことを感じます。生徒も親もいままでの八年間はいつも同じ先生が担任していたため、文句を言うことはあっても安心していられました。しかしこれからは、毎日自分たちを導いてくれる「担任」はいなくなるのです。生徒は自分の力で自分の道を歩みだそうとしはじめます。ですから、どうしても不安になるのです。

このようなお別れのパーティーの時、親や生徒たちからの感謝の言葉に加えて、ともに体験したさまざまな出来事を、みんながお腹を抱えて笑うようなとてもユニークな出し物にして演じることがあります。クラス担任の先生は、この会のときに、親たちに対して、親たちからの信頼や、親たちとのとても重要な共同作業について感謝し、生徒たちに対しても、自分が生徒とともに長いあいだ学ばせてもらったことを感謝します。そして、最後に、このパーティーが大成功だったことを感謝するのです。

クラス担任のための一年間の休暇

八年生のクラス担任を終えた先生は、夏休みのあと、ふたたび新しい一年生を受け持ちます。わが子をシュタイナー学校に通わせたことがある親の中には、わが子が生まれた瞬間に、いったい誰がこの子のクラス担任になるのか、年月を数える親がいます。しかし、その当事者の先生が一年間の自由な休暇をとった場合、その計算は合わなくなります。

最後の七年生、八年生の二年間の担任はとくに大変な仕事であり、八年生のあとにすぐに新しい一年生を担任するのはむずかしいことから、多くのシュタイナー学校では、クラス担任の先生に一定期間の自由な休暇を与えます。しかし、資金的な理由から、たいていの先生は多くとも数カ月くらいの休暇を取る程度です。ごくたまに一年間の休暇をとる先生もいますが、その場合、給料が出ない一年間、自分で資金を負担しなければいけない場合もあります。

担任の先生にとっては、数週間の休暇をとるだけでも、幼い低学年のクラスに向けて気持ちを切り換えるためにとてもいい解放感を味わえるでしょう。また、先生に約三カ月の休暇を与える学校もあります。

その学校では、八年間の担任の終わりの三カ月については、いくつかのエポックを上級学年の先生が交代で受け持つことによって、とてもスムースに上級学年へ移行することができるのです。上級学年のクラスを担任することになる先生がこのような形で前もってそのクラスを知ることが、クラスにとっても先生にとっても重要な場合もあるのです。クラス担任の先生は、自分の「かつての教え子」を安心して委ねられる先生に任せることによって、ほっとすることができます。かつて私は、ハンブルクのベルクシュテットにあるシュタイナー学校で、八年生のいくつかのエポックを担当し、クラス担任の先生の負担を軽くしていました。当時、私は退職を間近に控えていたのですが、これはそんな先生のためのとてもおもしろい課題でもあるのです。

この自由な休暇は、クラス担任の先生にとって、ふたたび新鮮な力を取り戻し、新しい芸術的な想像力を湧きださせるためにとても大切です。つまり、最後の何年間かは忙しくて集中して取り組めなかったことが、この自由な休暇のあいだにできるのです。ある時期、まったく授業とは関係ないようなことに取り組むことは特別な意味があります。もし機会があれば、「世界に広がる」まったく別の職業を体験してみるといいでしょう。その体験が、ふたたび学校に戻って来たときに「心の広がり」をもたらし、自由な休暇のあいだに得たものが、新たなる一年生の授業の取り組みのなかで活かされるのです。

第16章　終わりに

この本の最初で、八年間のクラス担任の先生は、自分に与えられたすべての課題をこなすことができるかどうか問われることについて触れました。その答えは、この本で学年ごとの授業の内容をご覧になった読者のみなさんの判断にお任せします。これからシュタイナー学校のクラス担任になろうとしている読者にとっても、ある程度はクラス担任の仕事がイメージできる内容になったものと思います。もちろんこの本で書かれていることは、クラス担任の仕事のごく一部でしかありません。たくさんの読者が、クラス担任には実際はもっとたくさんのこなしきれない「山のような仕事」がある、と思うでしょう。

クラス担任には、間違いなくたくさんの仕事があります。しかし、この本で明らかにしたかったのは、エポック授業の基礎が何週間もかけて一つの分野に集中して取り組むことにあるということです。それが、先生にとっても生徒にとってもとても効果があるのです。一つのエポックに何週間も取り組むことによってとても濃密にその分野とかかわることができ、幅広い取り組みが可能になります。このような集中を通して、年ごとに増えていくつながりあう専科の授業を克服する能力が育っていくのです。もちろんここで大切なのは、早い段階から、できるだけ合理的に少しずつ授業を用意していくことです。

クラス担任としてこれだけたくさんの分野と取り組み、授業をすることは、先生自身が教え方を身につけ、アントロポゾフィー人智学を研究することによって可能になります。つまり、世界のなかで、つねに新しい関係を発見していくことがはじまるということです。そのなかから学ぶのは、それぞれのエポックの本質的な内容を関連づけ、つねに人間との関係を考えるということです。つまり、すべてのエポック授業の本質は、つねに人間と関係しているのです。そのような授業を準備するなかで「ひらめく」ことが、本当の感動をもたらし、この感動が自分の授業をつくる上で必要不可欠なのです。そしてその感動が、火花のごとく、子どもや若者の心をめらめらと燃やすことができるのです。

この本に書いたように、たくさんの関連する専科の授業をうまく作り上げることができた先生こそ、本当に「万能な精神」の先生といえます。それは八年間かけて先生が取り組んできた成果なのです。担任の先生は、教師というとても興味深く、責任をともなう仕事に自分を導いたのは、自分の人生であることを感じます。担任の先生によって子どもの中にまかれた種や、先生が与えた影響は、子どもの未来を築く上でとても価値があるものです。そして子どものために自己教育をしていく、自分自身に取り組むということが、先生にとってとても価値があると感じるようになります。先生は、自分の努力が生徒にもたらす教育的な効果を自覚します。つねに学ぼうとする先生の姿勢が生徒の奥深くに流れ込み、生徒を自分から学ぼうと心がけ、自立できる人間に育んでいくことができるのです。

先生は完成され、完結した存在ではなく、つねに学ぶものとして生徒の横に並んでいる、という姿勢が大切です。生徒たちもこの理由から、学ぶ存在としての担任の先生を、自分にとって権威のある存在として尊敬していきたいと思っているのです。尊敬する気持ち、畏敬の念、感謝する気持ちも担任の先生は自分のなかで育んでいこうとします。担任の先生がひそかに自分の生徒のことを思い、考え、生徒一人ひとりの本質に集中し、それぞれの生徒の崇高な人格をつねに感じながら生徒と取り組んでいくということは、宗教的な感情にも似ています。それはどの人間のなかにもひそむ感情であり、目覚めさせ、育んでもらいたいと願っています。もしも先生がそれを行なえば、生徒は先生にとって内面的な力の源泉となり、そこから生き生きとした流れがお互いの間に流れます。子どもは、その流れのなかから自分のこれからの道に必要な力を育んでいくことでしょう。

このような取り組みによる授業のなかには、ある意味では、本当に宗教的な要素が流れていると言えるでしょう。先生の目がつねにその子どもの崇高な人間性に向かい、心の奥深くで生徒を思うことによって、生徒と先生は見えない糸で結ばれます。このつながりは、芸術的な取り組みのなかにも、生徒とともに考えていく取り組みのなかにも、いたるところに生きているのです。最後に、この本のすべての内容を端的に言い表わしたようなシュタイナーの表現を紹介し、終わりにしたいと思います。

生き生きとしていく学問！
生き生きとした息吹に満ちあふれていく芸術！
生き生きと育んでいく宗教！
これがいわば教育である！
これがすなわち授業なのである！

注

（1）フランス・カルルグレン『自由への教育──ルドルフ・シュタイナーの教育思想とシュタイナー幼稚園、学校の実践の記録と報告』（高橋巖・高橋弘子共訳、ルドルフ・シュタイナー研究所発行、フレーベル館販売）。
（2）シュタイナーによる「朝の言葉」は補遺1を参照下さい。
（3）ルドルフ・シュタイナー『ルドルフ・シュタイナー教育講座Ⅱ　教育芸術1　方法論と教授法』（高橋巖訳、筑摩書房、一九八九年）。
（4）Wolfgang Schad, Zur Hygiene des Unterricht, in: Helmut Neuffer(Hrsg.), *Zum Unterricht des Klassenlehrers an der Waldorfschule*, Stuttugart 1997, S.48 ff.
（5）Georg Kniebe(Hrsg.), *Aus der Unterrichtspraxis an Waldorf-/Rudolf Steiner Schulen*, Dornach 1996, S. 20.
（6）ルドルフ・シュタイナー『ルドルフ・シュタイナー教育講座Ⅱ　教育芸術1　方法論と教授法』（高橋巖訳、筑摩書房、一九八九年）。
（7）二日目の登校日に、クラス担任の先生はこのことについてとてもていねいに導入しなければいけません。まず、子どもにノートやクレヨンなどを配る必要があるでしょう。そして、いったいどちらからノートを開くのか、子ども の前でやって見せます。そうしないと、最後の頁から書き出す子どもがいるからです。子どもがノートを家にもって帰る前には、自分の名前が書いてある場所をよく見て、上下を確認するよう指導します。子どもは、ノートの上と下をまちがえて作業をする可能性があるからです。同じように、自分の筆箱を開けるときは、きちんと整理して自分の前に置いてから、クレヨンを自分の手にもつのがいちばんいいことを意識させることが大事です。さらにとても大切なのは、いっしょに書きはじめるとき、実際にノートに線を書く前に、子どもとその線をクレヨンを使って何度も空中に書き、最初は大きかった線をだんだん小さくしていき、ノートに書けるくらいの大きさにまで小さくしていきます。次に大きな瞬間がやって来ます。いよいよノートに実際に書いてみるのです。その時、担任の先生が、生徒に大切な瞬間がやってきたという感覚を持たせることが大切です。ノートに書かれたこのフォルムは、自分自身の手で最初のフォルムを紙の上に書き、線が現われるという瞬間なのです。それは子どもにとって、はっきり目に見えるかたちとしてずっと残っていくことでしょう。

（8）Stefan Kaiser und Ingrid von Schmidt, Der Erzählstoff der Waldorfschule von der ersten bis zur achten Klasse, in: Helmut Neuffer(Hrsg.), *Zum Unterricht des Klassenlehrers an der Waldorfschule*, Stuttgart 1997, S. 93 f.

（9）ヨハネス・W・シュナイダー『メルヘンの世界観』（高橋明男訳、水声社、一九九二年）。

（10）マルグリート・ユーネマン他・共著『フォルメン線描——シュタイナー学校での実践と背景』（森章吾訳、筑摩書房、一九九四年）。

（11）エルンスト・シューベルト『シュタイナー学校の算数の時間』（森章吾訳、水声社、一九九五年）。

（12）同前。

（13）同前。

（14）ルドルフ・シュタイナー『ルドルフ・シュタイナー教育講座Ⅲ　教育芸術2　演習とカリキュラム』（高橋巖訳、筑摩書房、一九八九年）。

（15）ここでつけくわえなければいけないのは、最初の週は中心授業だけを行なうということです。つまり、子どもたちは、担任の先生の授業だけを受けるのです。先生は、この長い中心授業の時間の真ん中か終わりに、子どもたちといっしょに二度目の朝食をとります。そこでは、先生は教室のなかで子どもといっしょに行儀よく座り、みんなで食前の祈りをささげ、食事をはじめることができます。また、せかせかと急いで食べなくてもいいよう、充分時間をかけ、食事のあとにはみんなでいっしょに片付けができることが大切です。子どもたちはこの規則正しい朝食になれ、「とてもよい習慣」がつきます。それはのちの移動教室や遠足のときのためにもとてもよい習慣になります。入学したばかりの子どもにとって学校という場所は慣れないものなので、担任の先生は子どもたちがどこに何があるかが分かって安心できるよう、子どもたちを職員室や落とし物の管理室など、子どもが知っておいたほうがいい場所に案内します。次に、校内にはほかに何があるか、たとえば保健室、事務室、管理人の部屋はどこかを案内します。そして、生徒とともに校内をくまなく見て回ります。この小さな「遠足」の前に、子どもたちはどのようにしてクラスのなかで列になって並び、静かに廊下を通っていくか練習をします。先生は、このような「些細なこと」についても注意をし、事前に時間をかけて考え、うまい方法で導入しなければ、すぐに子どもたちは騒ぎはじめます。授業のあいだ、短い時間を使って校庭をまわり、実際に円を描いて遊んだり、フォルムを動いたりする先生もいます。そのときには、クラスの子どもたちがいっしょに立ち上がり、外に出るのですが、その行為はクラスの社会性を育てる上でとてもよい効果があります。授業のためにも意味があることは、一つひとつの授業の切れ目について、事前に時間配分を慎重に考え、どのように一つの分野から次の分野へ移行するか決めておくことです。そのためには、たとえば、朝、子どもたちとどうやってあいさつし、別れるか、ある質問に応えたり質問したりするとき、子どもを立たせるか座ったたままか、いつランドセルから授業のための自分の道具を出させるか、いつ背負わせるか、どうやって背負わせるか、先生が生徒に水彩画の授業などでいろいろな道具を配るときどんなふうに配るか、何人くらいの生徒に手伝わせるか、といったとても細かいところまで、先生はよく考える必要があります。

(16) マルグリート・ユーネマン、フリッツ・ヴァイトマン・共著『シュタイナー学校の芸術教育――6歳から18歳までの美術の授業を中心に』（鈴木一博訳、晩成書房、一九八八年）。
(17) Christoph Lindenberg, Individuelles Lernen, in: Stefan Leber(Hrsg.), *Waldorfschule heute*, Stuttgart 1996, S. 131 ff.
(18) マルグリート・ユーネマン他・共著『フォルメン線描――シュタイナー学校での実践と背景』（森章吾訳、筑摩書房、一九九四年）。
(19) 同前。
(20) エルンスト・シューベルト『シュタイナー学校の算数の時間』（森章吾訳、水声社、一九九五年）。
(21) ルドルフ・シュタイナー『霊学の観点からの子どもの教育』（松浦賢訳、イザラ書房、一九九九年）、『ルドルフ・シュタイナー教育講座Ⅰ　教育の基礎としての一般人間学』（高橋巖訳、筑摩書房、一九八九年）。

(22) Hartwig Schiller, *Da ist jemand in dir, den ich kenne. Die Idee von Reinkarnation und Karma in der Pädagogik*, Stuttgart 1998.

(23) ルドルフ・シュタイナー『人間理解からの教育』(西川隆範訳、筑摩書房、一九九六年)。

(24) ヘルマン・コェプケ『9歳児を考える』(森章吾訳、水声社、一九九九年)。

(25) 担任の先生は、子どもにはじめて朗誦させる前に、あらかじめ朗誦するときの言葉の話し方について自分の家で練習するか、言語造型の先生といっしょに充分に練習する必要が出てきます。月例祭のときに、もし四年生の生徒が「エッダ」の詩を朗誦する場合、とても驚くべきことに、それぞれの生徒によって頭韻の表現はまったく違います。語り方や足の動かし方にまで子どもの個性が現われるのです。ここでとても印象深いのは、いろいろなやり方で一つひとつのアクセントの強調と取り組めるかということです。たとえば、朗誦する場合にも、一人、またはグループで棒を投げ合ったり、前進したり行進したり、歩んだりしながら朗誦するといった具合に、さまざまなバリエーションがあります。

(26) ルドルフ・シュタイナー『ルドルフ・シュタイナー教育講座Ⅱ　教育芸術1　方法論と教授法』(高橋巖訳、筑摩書房、一九八九年)。

(27) マルグリート・ユーネマン、フリッツ・ヴァイトマン・共著『シュタイナー学校の芸術教育——6歳から18歳までの美術の授業を中心に』(鈴木一博訳、晩成書房、一九八八年)。

(28) ルドルフ・シュタイナー『人間理解からの教育』(西川隆範訳、筑摩書房、一九九六年)。

(29) ルドルフ・シュタイナー『ルドルフ・シュタイナー教育講座Ⅲ　教育芸術2　演習とカリキュラム』(高橋巖訳、筑摩書房、一九八九年)。

(30) Christoph Gögelein, Was sind bestimmende Grundlagen der Waldorfpädagogik und aus welchen Quellen schöpft sie? in: Stefan Leber(Hrsg.), *Waldorfschule heute*, Stuttgart 1996, S. 300 ff.

(31) 自分が書く作文以外にも、子どもたちにこれらの国々の様子を文章としてエポックノートに書かせるようにします。もちろんその文章は先生が書きますが、そのなかで生徒たちはどのようにすれば一つのテーマを短く簡潔にすべての内容をもらさず書けるか、そしてどれだけ生き生きとした表現ができるかということに取り組みます。このエポックノートは、子どもが自分で作り上げた教科書になるのです。

(32) この授業準備のなかでとても大切なことは、一日の流れをどのように作り上げるか、早いうちから考えておくことです。もし、リズミカルな一日の流れを作りたければ、朝、まず一時間授業をし、その後、寄宿舎のまわりで子どもたちを自由に遊ばせ、午後には寄宿舎を出て、遠足に行くこともできます。また、何日もかかるような大きな登山をする場合は、行程にあわせて、その日ごとに違った寄宿舎を探す必要があるでしょう。

(33) Georg Kniebe(Hrsg.), *Aus der Unterrichtspraxis an Waldorf-/Rudolf Steiner Schulen*, Dornach 1996.

(34) 同前。

(35) Frits H. Julius, *Stoffeswelt und Menschenbildung*, Stuttgart 1978.

(36) 担任の先生にとって、代数については、間違えずに子どもたちの前で授業ができるように早いうちから準備しておくことが大切です。そのためには、上級学年の数学の先生といっしょに学んだり、経験豊富なクラス担任の先生の意見を参考にしたり、学校のなかでのそれに関する研究会に参加したりすることができます。

(37) Georg Kniebe(Hrsg.), *Aus der Unterrichtspraxis an Waldorf-/Rudolf Steiner Schulen*, Dornach 1996, *S.* 91.

参考文献

アルバート・ズスマン『魂の扉・十二感覚』石井秀治訳、耕文社発行、イザラ書房販売、一九九八年。

ヴィリ・エプリ『感覚を育てる　判断力を育てる――教師と父母のためのシュタイナー教育』鈴木一博訳、晩成書房、一九九一年。

H・R・ニーダーホイザー『シュタイナー学校のフォルメン線描――子どものための創造力と生きる意志をはぐくむために』高橋巖著・訳、イザラ書房、一九八九年。

エリーザベト・コッホ、ゲラルト・ヴァーグナー共著・作画『色彩のファンタジー――ルドルフ・シュタイナーの芸術論に基づく絵画の実践』松浦賢訳、イザラ書房、一九九八年。

カロリーネ・フォン・ハイデブラント『子どもの体と心の成長』西川隆範訳、イザラ書房、一九九二年。

秦理絵子『シュタイナー教育とオイリュトミー――動きとともにいのちは育つ』学陽書房、二〇〇一年。

ベングト・ウリーン『シュタイナー学校の数学読本――数学が自由な心をはぐくむ』丹羽敏雄・森章吾訳、三省堂、一九九五年。

マンフレッド・クリューガー『瞑想――芸術としての認識』鳥山雅代訳、東京賢治の学校、二〇〇二年。

ルドルフ・クッツリ『フォルメンを描く――シュタイナーの線描芸術』Ⅰ・Ⅱ、石川恒夫訳、晩成書房、一九九七年・一九九八年。

ルドルフ・シュタイナー『瞑想と祈りの言葉』西川隆範編・訳、イザラ書房、一九九三年。

ルドルフ・シュタイナー『シュタイナー教育の基本要素』西川隆範訳、イザラ書房、一九九四年。

ルドルフ・シュタイナー『シュタイナー教育の実践――教師のための公開教育講座』西川隆範訳、イザラ書房、一九九四年。

ルドルフ・シュタイナー『人間の四つの気質――日常生活のなかの精神科学』西川隆範訳、風濤社、二〇〇〇年。

ルドルフ・シュタイナー『オックスフォード教育講座――教育の根底を支える精神的心意的な諸力』新田義之訳、イザラ書房、二〇〇一年。

訳　注（本文中の［　］内は、訳注です）

［1］アントロポゾフィーの泉から創造されたこの運動芸術は、人間に宿る崇高な力は宇宙の崇高な力とつながっているという認識のもとに、宇宙に存在するリズムや星々の運行と、それにつながる人間のなかの呼吸やさまざまな生命のリズムを、目に見える動きとしてからだ全体で表現するものです。また、言葉や音楽のもつリズムや力を動きとして表現することによって、オイリュトミーをする人間自身が創造者となり、生き生きと見える言葉、生き生きと見える音楽を表現します。起源はギリシアの神殿舞踏。

［2］シュタイナーは、シュタイナー教育の入門コースを「教育の基礎としての一般人間学」と呼びました。この「人間学」においては、人間のからだと心、精神の成長の法則にとりくみ、なかでもとくに子どもの発育に重点を置いています。さらに、人間は生まれてから死ぬまでのあいだだけ存在するのではなく、死後も霊的な世界で存在し、ふたたび受肉して地上に生まれることを本質的に考察しています。

［3］霊的な探究者であったシュタイナーは、霊的な世界や人間の精神についても学問として研究し、だれでも思考を通して霊的な認識を得られる道を開きました。その道をアントロポゾフィーといいます。アントロポゾフィー（人間の叡智）という言葉通り、これは宇宙の霊性と人間の精神をつなぐ道であり、特別な人だけでなく、すべての人間が認識することができる道なのです。

［4］シュタイナーは、当時、俳優たちに、演じるときはただ意味を話すのではなく、言葉のなかの母音と子音、つまりすべての音に注意して話すよう指導しました。この表現方法は、たくさんの子音や母音を練習することによって、それぞれのもつ言霊の力を意識し、声に出して取り組むうちに、言葉はふたたび息をふきかえし、みずみずしく深い語りになるという考え方です。

補遺1 「朝の言葉」

「朝の言葉」（一年生～四年生）

ルドルフ・シュタイナー

お日さまの優しい光が、
私を一日照らします。
優しい光は私の心の崇高な力となって、
手足に流れていきます。
お日さまの光り輝くなかで、
神さま、
私はあなたが私のなかに、
しっかりと授けてくださった人間の力を、
心から大切にし、敬います。
ですから、
私は一生懸命、取り組み、はげみ、学びます。
神さまから注ぎ続けられる光と力への、
私の愛と感謝の気持ちが
神さまに向かって流れていきますように。

「朝の言葉」（五年生〜十二年生）

ルドルフ・シュタイナー

私の目は外の世界に向かう。
太陽がふりそそぐなかへ。
星がまたたくなかへ。
大地に広がる石のなかへ。
植物はすくすく育ち、
動物は感じながら生きている。
それらは人間の心を豊かにし、
私の精神にすみかを与えてくれる。

私の目は私の心のなかに向かう。
私のなかで営み続ける心。
崇高なる精神は太陽の光と心の光のなかに、
いつも織られ続けている。
宇宙のかなたにある力が、
私の心の奥にも生きている。
崇高なる精神よ。
願いをこめて私はあなたへ向かう
学ぶため働くための力と恵みが、
私のなかで育ってゆきますように。

理科（自然科学)—動物学、植物学
歴史

六年生
国語（ドイツ語)—読み書きのエポック（読本)、文法のエポック
数学
幾何学
地理（地質学)—鉱物学、天文学
理科（自然科学)—動物学、植物学
歴史
物理

七年生
国語（ドイツ語)—読み書きのエポック（読本)、文法のエポック
数学
幾何学
地理
理科（自然科学)—栄養学、健康学、保健学
歴史
物理
化学

八年生
国語（ドイツ語）—読み書きのエポック（読本)、文法のエポック（文体)、演劇
数学
幾何学
地理—天文学
理科（自然科学）—人体解剖学
物理
化学

補遺２　エポック授業一覧

一年生

フォルメン線画
国語（ドイツ語）—書く（そして書いたものを読む）
算数

二年生

フォルメン線画
国語（ドイツ語）—読み書きのエポック、文法のエポック
算数
みつばちのエポック（場合によって）

三年生

フォルメン線画
国語（ドイツ語）—読み書きのエポック、文法のエポック、ドイツ語筆記体、ドイツ文字
算数
生活科—農業のエポック、家づくりのエポック、職人のエポック

四年生

フォルメン線画
国語（ドイツ語）—読み書きのエポック（読本）、文法のエポック
算数
地理—郷土学
理科—人間学と動物学

五年生

フォルメン線画（フリーハンドの幾何学）
国語（ドイツ語）—読み書きのエポック（読本）、文法のエポック
算数
地理

訳者あとがき

「本当に学ぶこととは何だろう」。この問いを私は小学校六年生以来もちつづけてきた。そして、明星学園、公立高校、自由の森学園と、本当の授業の、本物の教師にめぐり会うための旅を続けてきた。しかし、どの学校に行っても、私の最初の問いは続くばかりであった。十九歳の時、日本を離れ、ドイツのユーゲント・ゼミナールに渡った。ここは高校を卒業した若者たちがこれからの自分の道を探すために一年から一年半、ともに生活するシュタイナーの若者コースである。ここに来て、私は心から出会いたかった教師や授業にはじめて出会った。それからの私は、無我夢中でドイツ語を学び、シュタイナーの哲学、天文学、農業、オイリュトミーや、彫刻、水彩画といった芸術的な分野を次々に学んでいった。

人間と世界がすべてにわたってつながり、互いに深くかかわり合っていることを知ったときの感動は、私に本当に生きるための力を与え、人生の方向を教えてくれた。そしてオイリュトミー学校を卒業し、ドイツに来てから七年後、自分もシュタイナー学校の教育の現場に立った。七年間、オイリュトミーの教師として子どもたちを受け持ち、今度は学校時代に自分が求めてきたものを生徒に渡す立場になった。今までは自分が生徒として要求していた側から、生徒にたくさんのことを要求される側となり、毎日、授業のはじまる前は緊張し、手先が震える思いで子どもの前に立った。なぜなら、子どもたちは私たち教師がつねに変わっていくことを要求するからだ。教師は自己教育をしつづけなければ、授業を作っていくことはできない。

　そして子ども一人ひとりの内面に生きているものを見ながら、前日の夜に準備した授業の内容をその瞬間にすべて忘れ、まったく違う授業を展開しなければならないときもある。また、どれほど「むずかしい」といわれる子どもであっても、親に対して、本当に誠実に、同じ道を歩む存在として対応していけば、その子どもは時間をかけて自分の問題を克服するための能力を育てていくことができる。実際に、私は何度もそういう体験をした。親と教師がどれだけ感情的にぶつかったとしても、心のなかにその子どもの成長を祈る気持ちが働いていれば、親と教師はつねに新たな気持ちで取り組んでいくことができるだろう。

　シュタイナー教育は、日本でよく知られているように、水彩画やフォルメン線画、オイリュトミーなどの芸術教育だけを行なっているわけでは決してない。何より、人間に対する深い認識――人間学に取り組んでいるのだ。人間は生まれてくる前に天界で自分の地上での課題を知り、自分の生まれる時代、自分の生まれる国や場所、自分の生まれたい親さえも決め、「地上で学びたい」と強く思って地上に降りてくるのだ。私たちがそれを真剣に受け取り、その尊いたましいが芽吹き、すくすくと育っていくことに取り組んでいけば、そして人間が自らこの人生の課題をはっきりと意識することができたら、私たちの教育は未来に通じるものとなっていくだろう。

　シュタイナー教育の八年間の担任制について、よく「担任には当たりはずれがあるのではないか」と聞かれる。しかし、もしも子どもがすべてのことを自分で決めてこの世に降りてきているのなら、親が「もっといい担任の先生に受け持ってもらいたかった」と利己的に思うことは恥ずかしいことだと分かるだろう。なぜなら、そのようなことを思う親は、何がわが子にとって本当に大事なことか分かっていないからだ。親が担任に対する不満を感じているとき、その子どもはその「不満な担任」のもとで、「いい担任」からは学べないことをたくさん学んでいる事実を私は実際に知っている。

ヘルムート・エラー氏が担任を四回くりかえした豊富な経験からこの本は書かれている。この本に出会ったとき、私はすぐに「日本に紹介したい」と思った。なぜなら、シュタイナー教育の本質については、本当の実践をしている人が語らなければ、読者に伝わらないからだ。また、私が訳す過程でも、実践での経験が大きな助けとなった。

エラー氏と出会ったのは、一九九六年の十月だった。ブレーメンで開かれた北ドイツのオイリュトミー教師の研修大会で、五～八年生の人間学を担当した氏の気質の講義は、お腹をかかえて笑ってしまうほど、生き生きとしていた。そして、二〇〇一年の半年間、ニュルンベルクの日本人教員養成ゼミナールでの講師を選ぶことになったとき、私がまっさきに思い浮かべたのは彼だった。彼は快く引き受けてくれ、すばらしい講義をしてくださった。また、私のような若い教師に対しても、「Duで呼び合おう」（ドイツ語の敬語ではSieを使う。友だちどうしの場合がDu）と、上下関係を意識しない関わり合いを勧めてくれた。「私たちは同じ道を歩む者だから」という彼の言葉に、尊敬の気持ちがより深まったのはごく自然なことだった。彼の実践に基づく本書が、日本の「本当の教育に取り組みたい」と思っている人々に広がっていくことを心から願っている。

刊行にあたっては、まず、東京賢治の学校を通じてこの本を出版してくれることになったトランスビューに感謝の意を表したい。そして、この本を担当し、シュタイナー教育についてあまり詳しくない読者にも分かるような読みやすい訳にすべく、しんぼう強く取り組んでくれた林美江さんに、感謝の気持ちを伝えたい。また、東京賢治の学校での最初の取り組みから深く関わってくれた藤村久美子さん、鈴木真紀さん、須田仁子さん、本当にありがとう。

解説を執筆した母、鳥山敏子は、私にとってつねに「学びつづける人」である。今回の出版に際して、さまざまな立場から支えてくれたことを心から感謝している。最後に、今回の翻訳ではドイツ語の面から、そしていつも私を助け、力強く支えてくれる夫、ヴィルギリウス・フォーグルに愛をこめて。

二〇〇二年十一月

鳥山雅代

解説

すばらしい実践者との出会い

鳥山敏子

この国において、授業づくりや学校づくりに懸命に取り組んできた者にとって、この本は大きな衝撃なしには読めないだろう。私は、この本をくりかえし読んだ。そのたびにみずからの三十年の足跡がありありと見えて、立ち止まり、うめくことがたびたびあった。そのうめきは、著者のエラー氏と私の教師としての授業力の差だけでなく、人間としての成長の差をこれほどまでにも分けてしまったものは何か解明せずには死ねない、という思いに発展していった。

私はシュタイナー教育のまっとうさを直観し、二人のわが子をシュタイナー教育を行なっているドイツのユーゲントゼミナールに入学させた。この学校での二人の成長の見事さは、シュタイナー教育とそれを推進する教師陣の実力の結集であったことがうかがえた。しかし、その事実からもこの本ほどの衝撃は受けなかったのはなぜか。それはユーゲントゼミナールが若者を対象とした学校であったせいもあるだろう。また、それ以上に、私のなかに自分の実践に対するおごりや甘さや油断があったのだ。

日本にも、東京、北海道、京田辺市にシュタイナー学校が誕生した。私は、京田辺市のシュタイナー学校をつくった親たちに呼ばれて講演をしたり、その親たちが東京賢治の学校のゼミナールやワークショップに参加して交流を深めたりした。また、東京シュタイナーシューレの体験授業を東京賢治の学校のすべてのスタッフが受けてきたし、シューレのオイリュトミストである秦理絵子さんには、東京賢治の学校の一年生から七年生の子どもたちのオイリュトミーの授業だけでなく、スタッフ全員のオイリュトミーも担当していただいている。東京シュタイナーシューレの協力なくして今日の東京賢治の学校の授業全体の流れは考えられない。

それなのに、なぜ私はそれらの機会を、この本ほど自分自身をゆさぶり、壊すものにしてこなかったのだろうか。つきつめて考えると、これまでわが国で数多く刊行されたシュタイナー教育に関する本の著者と訳者のほとんどが実践者ではなかったということに行き着く。では、この本の何が私にそれほど迫ってきたのだろうか。それは、ひとことで言えば、八年間の担任を四回、つまり三十二年にわたって続けた実践者であるエラー氏でなければ語ることのできない内容が語られ、実際に取り組んだ行為の一つひとつが生きた力となって私の魂をゆさぶったからだろう。

三十二年と一口に言うが、それはすごい時間の積み重ねだ。一教師としての日々の営みを重ねた実践者の言葉は絵空事ではない。みずからをかけて取り組んだ実践者の言葉として、私の魂をゆさぶったのだ。一人の人間として、一人の教師として、日々子どもの前に自分をさらし、のっぴきならないところにみずからを置き、地道に誠実に子どもたちに対応しつづける時間がどんなものであるか、私には充分想像できる。これらの微妙な動きが行間からひしひしと伝わってくるのだ。ここまでやったのか、ここまで行ったのか、こういう見通しの中で取り組んだのか、これなら教職員も成長していくだろうと、子どもに対する人間観の確かさを、そのカリキュラムの構成も含めて、「論」の次元でなく、実践者としての直観力と分析力を働かせて読んだのだった。

私は、この本の著者のヘルムート・エラー氏に、二〇〇二年の十一月七日、ドイツのニュルンベルグでお会いした。十月から三カ月間の教員養成ゼミナールを担当している娘の雅代から「エラー氏が十日間の講義をしてくれることになった」と連絡が入り、賢治の学校も毎日授業をしている私が彼の講義を受けるための体制を整えてくれた上での渡独であった。

エラー氏は私より七歳年上である。一九四一年に広島で生まれて戦争を体験した私よりもっと多感な少年期に、彼はナチの時代を体験したにちがいない。しかし、教師をしていた期間そのものは、彼が三十二年、私が三十年でほとんど変わらない。では教師として、人間として、エラー氏と私の実力はなぜこれほどまでに差がついたのだろうか。もちろん生まれ持っている資質や能力の差を考慮しなければならない。だがその要因にとらわれると視点は限りなく個人的な部分に入り、肝心な要素が見えてこなくなる。ここで大切なのは冷静に思考することだ。それによって、私は自分に対しても、教師の仕事に真剣に取り組んでいる多くの教師に対しても、ことの本質からはずれない大切な話をすることができるだろう。

八年担任制の持つ力

私流に要約すれば、シュタイナー教育は「自己成長しつづける教師がいて、はじめて子どもの成長を保障できる教育ができる」という観点に徹底的に立つことでなりたっている。では、どうやって教師の自己成長を可能にするのだろうか。その取り組みの第一は、シュタイナー学校の八年連続持ち上がりのクラス担任制にある。では、なぜそれが教師の自己成長を促すか、実践者の立場で考えてみよう。

分かりやすい例として、スポーツ選手を取り上げることにする。若者の多くが元気がないといわれる今日の日本にあって、スポーツの分野で活躍する若者を紹介する情報量が多いとはいえ、心もからだも目に見えて元気なのはスポーツ選手ではないだろうか。では彼らはなぜ元気なのか。その要因の第一は、彼らが自分との戦いから逃げられない立場に身をおいていることがあげられるように思う。

やりたいことだけやり、やりたくなければやらなくていいという風潮が強くなっている日本では、若者は自分の力の限界まで挑戦することをしないまま、年を重ねている。ところがスポーツの分野で活躍する選手たちは、自分の都合や気分に振り回されず、こつこつ地道に練習を重ねなければ実力がついてこない日々のなかで、限界に近づくことが快となるからだの使い方を会得している。また、休みなくやってくる勝負の瞬間に全力を傾け、逃げずに立ち向かっていかなければならないなかで精神力を養っていく。ピッチャーはどんなに投げたくない状況でも投げなければならないし、その結果がすぐに現実となってはね返ってくる。個人的にどんな悩みがあろうと、チームが勝つために乗り切らねばならない。しかもチームワークを必要とする場合は、自分の好き嫌いに左右される人間は通用しない厳しさがある。こういう道に立ち、自分の限界に挑戦しつづけてはじめて、人はあらゆる困難を自己成長のための大きな力にすることができる。

私はこのように自分の人生において仕事を天命として受け止め、その道をきわめつづけて生きていく人に心をひかれる。そこには現状に安住せず、みずからが納得いくものを不断に追求する姿勢を見ることができる。そして、彼らはそのように生きることが自分の命を生き生きとさせ、みずからをもっとも大切にする行為であることを承知している。二〇〇二年十二月に、テレビで巨人の桑田真澄投手の姿を見た。二〇〇二年のセリーグの最優秀防御率を達成した彼は、すがすがしくおだやかな、それでいてリラックスした厳しさをたたえた表情を浮かべていた。彼の口から出た言葉は「もっと野球をきわめたい」だった。マリナーズのイチローも、かつて国民栄誉賞が贈られるという話になったとき、「まだ自分はそういう人間ではない」と辞退した。このように道をきわめていく人は、慢心と安住からはほど遠いところを生きている。彼らのように賞讃を求めて生きているわけではない人、自分が納得するかどうかを大事にする人はみな謙虚である。こういう大人が増え、こういう意識が広がっていくことによって、子どもたちの意識のなかに、賞讃にとらわれず、自分が納得がいくかどうかを大切にする意識が少しずつ根を下ろしていくように思う。今日、子どもたちがもっとも求めているのは、「大人として本当に生きている人間」の姿なのである。

限界に挑みつづけるスポーツ選手のように、教師を逃げることのできないところに立たせ続けることはできないだろうか。そうせずには教師としての成長は難しいのではないだろうか。とくに教室という密室に入りがちな教師にとって、一、二年間で担任は終わりというかたちで自分の問題をあいまいにし、逃げてしまうことはいくらでも可能なのだ。八年も担任を続ければ、教師の実力や人間的な問題が子どもたちを通して結果となって表われ、同僚や親の厳しい目にさらされることになるが、子どもたちの教育に責任をもつ教師なら、このくらいの覚悟は必要だろう。一方、教師のほうも、親の子育てのいいかげんさや、ともに大人として成長する努力をし続ける関係をつくっていくことが必要になってくる。ここでは親の仕事と教師の仕事を冷静に分け、共同の仕事は何かを問う姿勢が重要である。

また、教師にとって八年も時間があれば、子どもの成長を個々の年齢のなかで幅をもたせてとらえることが可能になり、ゆっくり成長する子どもも、成長が早い子どもなど、それぞれの子どもの成長を見守り、大切にしながら、授業内容にもカリキュラムにも工夫ができる。とはいえ、一年生から八年生までを担任するには、教師は本当にたくさんのことを学ばなければならない。学ぶことが楽しくてたまらない人間でなければ、八年間の担任はつとまらない。しかも、明日、子どもたちの前で授業をする、という緊張から逃れることができない日々が続く。これが教師自身の意志の力を育ててくれるとはいえ、楽でないことは覚悟しなければならない。

授業だけではなく、親との関係も容易ではないだろう。八年間もわが子を受け持たれる親の側からすれば、実力もなく、努力もしない教師は、シュタイナー学校には必要ない。事情を知らない人が聞くと「教師がかわいそう」ということになるが、学校は子どもたちの成長を助ける場。自己成長を第一に考えない教師が通用しないのは当然のことだし、そもそも教師という仕事が簡単にできると思うこと自体が間違いなのだ。

また、教師は、親との関係をおざなりにして、子どもだけを見つめることはできない。親と教師は、お互いが子どもたちにとって大人として成長した関係を築き、子どもを育むいいパートナーにならねばならない。親と教師に本当の信頼が生まれれば、人間を信頼しあう姿を身をもって子どもたちに教えることができ、子どもたちの成長にも大きく寄与することができる。こういう信頼を築くことができれば、子どもと担任との関係も大きな成長をとげ、授業のなかでの関係も生き生きとしてくる。そして、授業は子どもだけでなく教師をも内面的に豊かに成長させるものとなっていく。もちろん、自己成長をめざさず、共同体や学校づくりにとりくまない親には、力をあわせることや信頼することが分からず、教師との共同作業はむずかしいものとなり、この学校にいる意味はなくなっていくだろう。

「シュタイナー学校では八年間の持ち上がり制をとっている」という事実を私が知ったのは、一九七七年ごろに『ミュンヘンの小学生——娘が学んだシュタイナー学校』（中公新書、一九七五年）を読み、その本の著者の子安美知子さんの講演に出かけたときのことだった。このとき会場にいた母親が「いい先生ならともかく、八年もはずれの先生にあたったら大変だ」と感想を述べたことが、昨日のことのように心に強く残っている。当時の私は教師の側に立ってこの母親の言葉を聞いていた。私としては、一、二年ではたいした取り組みができないうちに担任が終わってしまい、無念に思う気持ちのほうが強く、八年間も担任できることをすばらしいと単純に思っていたので、この母親の言葉にとても驚いたのを記憶している。あれから二十五年。私自身、八年担任制だと、子どもたちだけでなく親とのあいだにもたくさん問題が起きるだろう。でもその困難や苦労を努力して乗り越えることによって、教師は人間として教育者として成長できると、さらに強く思えるようになった。

現実的にも、八年のあいだにはたくさんの問題が生じるだろう。しかし、それこそが八年担任制のねらいなのだ。本書を読むと、一、二年間の担任では決してできない体験こそが、教師と親を成長させていることがはっきり分かる。ここにエラー氏と私の実力の大きな差を決定的にしたものが見えてくる。そして一、二年間の担任制のもと、良心的な教師や親たちでさえ、子どもたちや教育の現実から目を背け、逃げ、ごまかし、自らの成長を止めている日本の現状までもがくっきりと浮かび上がってくる。

私の予想以上に、この八年担任制は、教師や親にとって急速な自己成長を余儀なくさせる効果がある。

誰だって最初は未熟なのだ。未熟で当然。そこから猛烈に学ぶのだ。荒波に放り出された人が生きるためにあらんかぎりの力で泳ぎだすように、自分のなかで眠っている潜在能力を引き出しながら人は前に進む。人間は、そういう生きかたをしなければ生まれてきた意味が実感できないからだをもっている。のっぴきならないところに自らを立たせてはじめて人は生き生きとし、深い学習と自己成長を喜びとし、困難を乗り越えていくことができる。人間の潜在能力に対する信頼がなければ、八年間の担任はとうてい考えられないだろう。自己成長をめざす人間であればあるほど、かならず困難や問題を起こし、それに取り組み、教師として、親として、自分を成長させていくだろう。

また、子どもたちにとって八年担任制が重要なのは、教師としても人間としても成長しつづける大人の存在を間近に見ることができることにある。そういう存在があれば、子どもは学ぶことや生きることの意味を無言で知っていく。もちろん、これらの仕事は、教師だけではなく、親たちとの共同体の力があってのことだ。どんな困難をも乗り越えていく強い意志をもった教師や親が力をあわせてはじめて、子どもたちにとっての本当の学びの場が生まれ、つくられていくのだ。教師や親が大人として成長していくなかで、はじめて子どもは安心し、深く学ぶことの意味や、畏敬をもって相手と向かいあうこと、力をあわせることと、生きる希望、人が生きていく姿などを無意識のなかに育くんでいく。

教師や親がみずからを成長させず、子どもたちの学びの場をつくりあげる努力もせず、子どもにだけ「勉強する」ことを強要することがどんな状態を招くか、その結果は今日の日本社会のいたるところで目にし、耳にすることができる。この日本の現状、教育の現状を変えていくには、親や教師がみずからを正し、人間として、大人として、親として、教師として成長するしかない、という当たり前のことを考え直す必要性を強く感じている方も多いだろう。では、自己成長とはいったいどういうことなのだろうか。教育を教師まかせ、学校任せ、国家任せにしている日本の現実を、どうすればいいのだろうか。

「あんなはずれの先生に八年も担任されたら、うちの子どもがかわいそう。たまったもんじゃないわ」と親たちが簡単に口にする言葉が、本人にとっては正直な気持ちとはいえ、何と利己的で汚い、しかも自分で思考することを放棄し、自分をマヒさせるものであるか、気づいている親は少ない。「先生」という言葉を「親」におきかえ、八年どころか一生つきあう状態になっているわが子の立場を考えないからこそ、簡単に口にできる言葉でもある。日本の多くの親は、子どもは自分の好きなようにできるものと誤解しているのだ。

八年という期間のなかで生じる問題こそが宝なのである。ここで生じる問題と正直かつ誠実に取り組むことがいわゆる「教育」を超えたみずからの人生の大切な仕事だという心がまえをもち、親も教師もお互いが畏敬の念を抱いて取り組んでいくことこそ、子どもたちがいちばん安心して成長でき、いちばん望んでいる姿であることを知り、利己的になりかけるみずからを見据えねばならない。トラブルは天からの贈り物という立場に両者が立って冷静に取り組んでいけば、解決できないものはないだろうと、賢治の学校の一人ひとりを見ていても、みずからを見ていても思えてくる。

一つひとつのトラブルをのりこえるたびに、私たちは自分のエゴを一つずつのりこえていくことができる。トラブルは、これまで手つかずできたみずからのエゴ以外のなにものでもない。これをのりこえていくことによって、眠っていた生きるエネルギーが湧き上がってくるのだ。そのエネルギーに包まれたとき、私たちの心はどんどん愉快になり、泉のごとく湧くすがすがしい力をお互いのなかに見ることができる。

それに触れることで、相手に対する畏敬の念を深めていくことができる。その愉快さとすがすがしさの源は、それぞれの魂の中心にある光、精神といえばいいものなのだろうか。

八年担任制というものが私たちにもたらす可能性について述べたが、こういうことが分かるようになったのは、賢治の学校という共同体の中での親や教師たちの活動があってのことであることを付記しておく。

子どもを深く理解するために

四つの気質を知る

さて、話をエラー氏と会ったときに戻そう。エラー氏の目は邪気がなく、輝いていた。この表情は多血質の特長だと思いながら、彼の目に引き寄せられた。色白の頬をほんのり赤くした、ひとなつこい笑みに柔らかい声。しかしその表情には、ゼミナールの部屋に起きている、いや私たちの心のなかにおきている微かな動きも見落とさない集中があった。まさにリラックスと集中が一体化した状態である。私たちにも油断のできない集中が自然に生まれていた。本当にいい仕事をしている人はこういう風貌になるのだろう。彼の実践の軌跡が、その顔やからだつき、動き、声ににじみでていた。

エラー氏は、ギターを取り出し、四つの気質（胆汁質、粘液質、多血質、憂鬱質）を短い歌で表現した。三十人近い私たち日本人は、四つのパートに分かれて輪唱した。くりかえし歌ううちに、言葉ではとても分かりにくい気質の内容が伝わってくる。何とうまいやり方ではないか。

教師の仕事は、一人ひとりの子どもの現実をどう見るかを抜きには考えられない。「一人ひとりの子どもに合った対応」と簡単に言うが、これは本当に難しいことなのだ。「子どもに合った対応」の「つもり」と「実際」とは、大きな差がある。いくらでもそういう「つもり」になれるし、合っていると思いたい。しかし、子どもたちの教育に責任をもつ上で、そういう主観は許されない。では、どうやって子どもを理解するのだろうか。シュタイナー教育において、子どもを理解する上で威力を発揮するのが「四つの気質」である。じつのところ、私はこの四つの気質という分類にはずっとなじめなかった。一九七四年頃から野口晴哉氏の整体を学び、取り組んできた私は、娘から四つの気質を説明されるたびに野口氏の分類した十二の体癖を持ち出し、「この方がもっと詳しく、適格に人間を見ているでしょう」と応じていた。しかし、実際は教室の子どもたちを十二の体癖に分けて見ることを充分深めてはこなかった。そうしなかった私のからだの理由は何か。ただなまけていたのとは違う理由が、私の心とからだにあるように思えていた。

そんな私が、このときのエラー氏の立ち方を見ているうちに、四つの気質の分類に対して静かに耳を傾け、「これはすごい」と感動していたのだ。霧が晴れるように「気質」のもつ深い意味が心にしみ、言葉化されていった。気質は子どもを理解するだけにとどまらず、ともに自己成長しあっていく共同体をつくる仕事のなかで、人間関係の理解になくてはならないものであることが分かったのだ。賢治の学校をつくっていく上で力不足を実感していた私にとって、「気質」というすぐれた理解のしかたは、共同体をつくるための人間理解を基本にすえて考えられたのではないかと思えてきた。エラー氏の話は、この十年以上にわたって、人の心にふれるワークのなかで私が実践的に学んできたことと見事に符合していた。そしてこの気質の理解を通して、それぞれの特長を活かした共同体づくりを志向できる道がはっきりと見えてきた。それは人と共同して仕事をするときに生じるつまずきの適格な処理と、仕事の発展を可能にしてくれる。

一口に「みんなちがってみんないい」と簡単に言うけれど、しかし相手を理解する努力を横においてこんな言葉を言っても関係は深まっていかない。お互いを知るための手がかりとして四つの気質を考えると、私がいちばん分かりにくい「憂鬱質」は、私にいちばん寄ってくる気質でもある。私のこれまでの人生のなかで、特に賢治の学校をつくってからの人間関係のなかで、いちばん分かりにくかったのがこの「憂鬱質」であったことが分かった。彼らは本心をはっきり語らず、すぐに被害者になる。私が言った言葉の全体を決して理解せず、ある言葉だけをつかまえ、その言葉がいつの間にかその人のなかでふくらみ、勝手な物語まで生まれて、もともとの私の言葉とはかけ離れていく。この心のしくみにどれだけ悩んできたことか。ところが本人にとっては、多血質はいつもあからさまで、軽薄、身勝手、無責任。それに比べてどれだけ自分は相手のために気を配り、心をくだいて、誠意を尽くして取り組んできたかと思い込んでいる。決して語られない本心の一端が、あるとき煮詰まってくると「えっ、そんなことを思っていたの。早く言えばよかったのに」と多血質の傾向の強い私が驚くような形で露出してくることがしばしばあった。

共同体の仕事のなかでは、四つの気質を知ることが相手を理解する力になっていく。そして自分のなかで眠っている気質にも作用して、少しずつ他者の身になって感じ、考える人間へと成長していく道が開かれる。つまり、この四つの気質についての理解の必要は、子どもを理解するためだけにとどまらず、共同体をつくっていくという大きな仕事をすすめていく上でも重要なカギになっていたのだった。この気質という見方一つひとつをとってみても、シュタイナーは、子どもたちが人と協力できる「社会性」をもった人間に育っていく方法の一つをしっかりと視野に入れて教育に取り組んできたことが分かる。

本書のなかで述べられている四つの気質それぞれの典型的な場面を、エラー氏はさきの歌のあとに、私たちの前で演じてみせてくれた。そして、氏はこういった。「この四つの気質のそれぞれが、たっぷりと満足するような授業の流れをつくるのです」と。どれだけの日本の教師がこれほど一人ひとりの子どもにあった授業を目指しているだろうか。おそらくそこまで子どもを深く知る余裕がないだろう。ということは、反対に気質を深く知り、四つの気質に焦点をあわせた授業の流れをつくることによって、子どもを観察する余裕を持つことができるといえる。教師も自分の気質をしっかり知ることで子どもを理解する上での自分の死角を知ることができよう。

また、それぞれの教師がこの四つの気質についての理解を深めることで、授業研究や子どもへの対応についての取り組みが、より子どもに添ったかたちで可能になる。では、それを学び、実践的に交流し、克服していく努力をしながら、お互いの力不足をどう補っていくのだろうか。

教師どうしのつながり

教師たち全員が学ぶこと、学びあうことを大切にするシュタイナー学校は、じつに風通しがいい。教師同士の関係が明るくのびやかで、すがすがしい。つねに子どもたちにとっていちばんいい授業をしたいという観点から話しあい、つながりあう。それによって子どもたちにとって授業の内容に自然なつながりが生まれ、おたがいの授業が響きあうような構成をすることが可能になっていく。これは本来、教師として当たり前のことなのだ。これを三十二年も続けたエラー氏が、私よりはるかにほかの人とつながりあう力をもっていること、そしてそのことによって人間的に成長してきたことは当然といえば当然だ。「担任の先生が中心授業で農業のエポックをあつかっていたら、音楽の先生は収穫の祝いの歌を子どもたちと歌ったり、笛で吹いたりし、オイリュトミーの先生は『種をまく農夫』の詩を子どもといっしょに動いてみる」。つまり、「先生どうしがお互いにいま取り組んでいる授業が分かり、あるテーマがすべての教科に共通してつながりあうようにすれば、ある教科だけ全体とまったく関係なく、孤立して進んでいくようなことがなくなるでしょう」と、エラー氏は述べている。そして、こう付け加えている。「生徒が、先生どうしのつながりあいを感じることが、生徒にとって何よりも大切なのです」と。

その通りだ。おそらくここだけ読めば、多くの教師がこの程度のことは自分もやっていると思うにちがいない。昔の私もきっとそう思いながら読んだだろう。しかしここで語られている深さ、次元とは、大きな差がある。子どもたちは先生たちのつながりあう姿を見て、人との関係のつくり方を学ぶ。またこれによって教師はお互いを尊重し、自分に対して謙虚になり、子どもたちのことを第一に考えて仕事ができる。そのつながりの深さが、学校全体の体制として、個々の教師のエゴを超えていくものとしてつくられているところが全然ちがうのだ。それによって、自分の実践をほかの人に紹介することがエゴ的なものでなくなっていく。ともに共同体をつくるための仕事としてことが進んでいくその基本的な姿勢が、教師自身を人間として成長させていくのだ。日本のように、ほかの教師と歩調をそろえないと憎悪の的になったり、教科書に沿っていないと相手にされなかったりというようなレベルではない。日本の学校現場においてはちがった緊張が教師間や親と教師の間にあり、教師がたとえ自分を貫き通しても、人として豊かに成長していくのは容易ではない。その人間的未熟さを私自身が身をもって証明しているのは悲しいことだ。

子どもを深く理解するための三つの会議

教師が子どもたちを知り、理解していかなければ、個々にあった授業も対応も決してできない。そのためにシュタイナー学校ではクラスの職員会議を開いている。「クラスの職員会議」とは、担任だけでなく、自分のクラスに関わるすべての先生が集まって開かれる定期的な会議である。子どもを学校全体で大切にするその姿勢は、私の体験とは比べものにならない。この会議には、専科の先生だけでなく、からだや心の病気を治していくためのオイリュトミーを行なう治療オイリュトミストや、言葉やからだに問題のある子どもに対して一対一で語りかける言語造型法の先生も「招待」されるという。「招待」という言葉のなかに、取り組みや責任の中心はあくまでも担任にあるという姿勢がうかがえる。この会議では、担任の先生や専科の先生たちが授業の内容や子どもたちの様子を話し、それぞれの心配ごとや問題についても話しあわれる。

また、クラスの中で大きな助けを必要としている子どもたちについても話しあうことになる。このとき、先生は子どもに対して肯定的な見方を心がけ、先入観なしに子どもを見ることを重視する。そして問題を明確にし、その子どもにとって本当に力になる道を考えていく。このように個人的な感情を抜きにして子どもを見る目を育てていくことで、教師はさらにみずからを成長させていくのだ。

こういう不断のつながりをつくりあげていく関係のなかから生まれた信頼関係はとても強く、それは子どもたちに深い安心と人間への信頼を与える。「この職員会議ではお互いを批判することもでき、自分の仕事に役立つ示唆をもらえたり、互いに共通の約束ごとを確認したりすることもできます。専科の先生も方を持ち、子どもと新しくつながっていくことができるからです。いつも肯定的な考えをもつことが、教師や子どもにとってもっともすばらしい効果をもたらします」というエラー氏の言葉も、教師という仕事にみずからをかけている実践者なら、言葉のレベルではなく理解できるだろう。

また、毎週木曜日に開かれる学校の職員会議も、日本の学校の職員会議とはおおいに異なる。まず断っておかなければならないのは、シュタイナー学校には校長や教頭がいないため、一人ひとりの先生が学校を管理しているということだ。このしくみは、教師たちは一人ひとりが責任を持ち、力をあわせて学校をになえる力や社会的能力を自分で鍛えていかなければならないという前提からうまれた。学校運営に責任をもってあたることが教師の自己成長をうながし、共同体をつくっていく力となり、子どもたちを育てる力となっていく。一人ひとりが自立し、しかも共同して管理、運営していく力を育てなければ、本当の教育はできない。このことは、賢治の学校のように、自分たちで学校をつくってみるとよく分かる。賢治の学校の運営という全体から自分を見、自分という個から全体を見るという力が教師には不可欠なのだ。今のように教師たちが与えられたなかで仕事をしていては、こういう力は育たない。残念なことに、それは子どもたちにはね返っていく。人任せの子どもたち、人任せの無責任な大人たち。自分自身が自分の人生の、あるいは社会の主体的な人間になっていない厳然とした現実。その現実が何よりもそれを如実に物語っているのである。また、職員会議は、互いの意見や話に耳を傾け、受け止める練習や、先入観をもたずに他の人の発言や報告を素直に受け入れる練習、話すタイミングなど、人間関係をつくっていくための練習をする場でもある。教師は子どもにつねに社会的能力を要求する以上、まずは自らを鍛えなければならない。

シュタイナー学校の教師には、自分の授業だけでなく、学校の運営のあらゆる面に気を配り、ともに作り上げていくための高い能力が要求される。「一人ひとりが責任をもち、他人に依存せず、積極的に行動し、お互いに分かり合っていく」ということを、日常の具体的な場面で取り組み続けているのかよく分かる。エラー氏はいう。「担任の先生は、学校のすみからすみまで把握している先生、学校に対して本当に責任を負っている先生として子どもの前に立つことができます。それぞれの先生たちの心のなかに、学校という生命が生きているのです」と。「先生たちの心のなかに学校という生命が生きている」とは、何とすごい言葉だろう。教師がクラスだけでなく学校運営全体にかかわり、学校のすみずみまで把握し、責任をもっていく。そういう教師の姿勢、教師のからだになって、はじめて子どもの前に自立して立つ資格があるのだ。共同体の一員として、主体的に社会をつくっていくという自立した姿勢が、子どもたちの無意識に大きな影響を与えることができる。

今日の多くの学校の教師のように、全分野の仕事を分担し、校務分掌としてまかされている状態に問題はないだろうか。校務分掌とはいっても、ある部分には責任を持つというだけで、運営や経営面のすべてについて自分たちで取り組むというものではない。肝心なことは管理職や教育委員会、文部科学省におまかせといった今日の学校のありようのなかで、教師自身が本当に主体的な力をもって取り組むことは保障されているとはいえない。これでは人間として、共同体の一員として、責任ある主体的な姿勢を、身をもって子どもたちに教えられないではないか。

教師として、授業の実力をつける

子どもの呼吸にあった授業──エポック授業

シュタイナー学校の授業のいちばんの特長は、朝八時から九時四五までの一〇五分間のエポック授業にある。この時間は学年に応じたテーマで構成されており、一つのテーマが二、三週間間から一カ月続く。そしてそのテーマを何カ月か眠らせたあと、ふたたび取り出し、さらに発展させ、深めていく。

真剣に授業づくりをしてきた教師にとって、このスタイルは決して突飛なものではなく、いちばん子どもたちに合っていることが直観的に分かるだろう。なぜなら、生きている子どもたちの心やからだや頭は、時間割りのように分断されているわけではない。いつもからだ丸ごとで生きている。全身が丸ごとつながりあって生きているからだは、テーマで深めるときも、つねにほかのテーマとつながりあって深めていく習性をもっている。一つのテーマに集中して取り組むことで、からだはおのずとほかのテーマと響きあい、無意識の領域で深めている。それを眠らせることによって、深い無意識の領域へと沈めていくことを保障するのである。無意識の世界ではそれぞれのテーマが混ざり合い、そのからだの生命力がからだにあった理解と方法でそれを深めていくのである。

エポックは年齢別のテーマだけではなく、一〇五分という授業時間の長さにもその特長がある。まず、一日のはじまりにこのエポックがある。吸う息と吐く息をもって呼吸があり、心臓が規則的に脈打つように、緊張とリラックス、集中と解放、頭の作業と手足や全身の作業、個の取り組みと集団の取り組みという具合に、対極的な要素が一定のリズムで時を刻むような授業の流れのなかに子どもたちをおいている。このことにていねいに取り組むことで、子どもたちは授業を楽しむことができるようになる。つまり、これなら意識が拡散しすぎている子どもや、深い悩みをもって学校に来た子どもたちであっても、少しずつ全身で学びの世界に入っていけるだろう。今日のように複雑な人間関係のトラブルや不安をかきたてる情報のなかにあっては、心とからだはますますバラバラになり、学びに集中できない状況がますます強くなっている。こういう子どもたちの現実にあっては、このエポックだけでなく、一日の授業全体を通して、からだと心が丸ごと一つにつながっていく取り組みに片時もスキは許されない。こうして教師の授業は、その内容が子どものからだの生理としても、その生命のリズムの法則にあったものとなっていく。つまり「呼吸する」授業となって、子どもたちの無意識の深みにおりていくのである。

ちなみにこの授業の流れは（1）リズムの時間、（2）くりかえしの時間、（3）中心授業、（4）書く時間、（5）お話の時間というかたちに普遍化されている。これを一つの流れとして取り組んでいるところが見事である。この流れは、心とからだ全体がつながりあって進めていくと、おのずから生まれる流れであるからだ。こういう授業を毎日続けるシュタイナー学校では、教師自身も子どもたちにとってのよい授業を早くから体験でき、教師としての成長を早めるだろう。そして、表面的な言葉のやりとりではない、子ども丸ごとの手応えのある成長が、何が授業にとって大切か、教師に実感させていくだろう。

子どものからだと心の成長にあったカリキュラム

シュタイナー教育においては、年齢の発達に応じたカリキュラムにも大きな特長がある。ここでは、どんな内容の授業が、その時期、その年齢で重要かがしっかりとおさえられ、組み立てられている。これは私が三十年間手さぐりで取り組み、作り上げてきたカリキュラムと重なる部分もあるが、私のカリキュラムは経験的であって理論の裏付けがない。「人間をより深く知っていく」という視点も共通しているが、そもそも「人間とは何か」という根本の思想や理論が私の場合はぼやけている。そこが決定的な違いだ。シュタイナー教育では、「人間は生まれ変わる」ことを前提にし、「人間は生まれ変わり」をくりかえして生き、肉体は消えても霊は死なない、という立場をはっきりさせている。こういう「人間観」にもとづいたカリキュラムなのである。

したがって、「衣・食・住」のおおもとに戻り、地球の誕生、生命の誕生、人間の生活や文化を学んでいくというかたちとしてはよく似た授業であっても、人間と動物を同列において考える私と、人間は「宇宙」から「与えられた」特別な使命をもって生まれていると考えるシュタイナー教育による授業の展開とは、似て非なるものなのだ。「生きる力」「生活力のある子ども」といっても、イメージは大いに異なるものになっていく。

生きものとしての人間を、あらゆる生きものと同列において考える、これまでの私のとらえ方の行き着くところは何だったのか。人間としての独自の使命と責任がはっきりと浮き彫りにされず、未来が限りなく悲観的になっていったのはなぜなのか。これまでの私は、人間を特別視することは、ほかの生きものを差別し、人間を優位に立たせる考え方だと思い込んでいた。ところが、人間を決して特別な存在にしないことを強調する姿勢は、これほどまでに戦争をくりかえし、利潤追求最優先の人間のエゴ、地球環境を破壊する人間の貪欲さなどを強調することになり、人間への希望を失わせ、それは結局人間としての責任を放棄する方向に流れていく危険性をどんどんふくらませていったといえるのではないだろうか。

子どもたちの成長を知るうえで重要視しなければならないポイントとして、九歳、つまり三年生の時期が取り上げられている。子どもたちが、「九歳の危機」とも呼ばれるこの年齢を、無意識のうちに人間としての覚悟を持って生きることができるようになるかどうかは、教師や親がどう援助するかによって決まってくる。つまり、無意識の領域で、この時期を境に、子どもたちは人間として地上に降り立つ度あいを決めていく。自分はこの地上で一人だと深い孤独を体験するが、その孤独が子どもたちをやがてこの地上で人間としての生活を築いていく方向に向かわせる。この時期の子どもへの対応次第では、子どもが地上にしっかり降り立つことができず、現実をただようようになることも起きてくる。「ルビコンの時期」といわれるこの年齢の重要性をここまで強調する論を私はほかに知らない。日本の学校では、この時期はあまり重要視されず、三、四年生の担任としては新任の先生が充てられることが多いのが現実ではないだろうか。

私自身、この学年やこの年齢の重要性に気づいたのは、十年にわたるワークの経験を通してであった。今は親や大人や若者になっている人が、一人ひとりこれまでの人生のどこでつまずき、まるで羽化に失敗した蝶のように飛び立つことができず、苦しくなっているか、その原因をたどっていくワークを重ねてきたことが「九歳の危機」のもつ重要性を理解する助けとなっている。〇~七歳の第一「七年期」を子どもとして安心して生きることを保障してもらえなかったこと、さらにこの九歳の、大地に肉体と魂を降ろす時期に親や教師、社会の取り組みに問題があったことがさまざまな苦しみの原因であることが分かってきたのだった。

九歳の時期に体験する孤独とは、楽園追放の孤独である。それまでは外界と一体、世界と一体だった一、二年生の子どもたちが、「ひとりぼっち」を体験するのだ。世界の中でたった一人であることを知ったこの時期の子どもたちは、自分と他者を区別して見ることができるようになってくる。つまり、天と地が分離したように、自他の境界が発生するのである。世界と分離し、他者と分離し、悲しく、つらく、さびしいが、その現実から逃れることはできないことを知っていく。この現実をどのくらいしっかり受け止められるかによって、この地上で生きる覚悟のほどが決まってくる。これは簡単なようでむずかしく、大人になってもこれができていない人が本当に多い。この現実を受け止める度合いによって、この地上で生き抜いていく強さが培われるかどうかが決まっていくのではないだろうか。この孤独、さびしさを引き受けられなければ、いつまでも世界と自分、他者と自分は一体で、自分の意のなかに世界や他者があると思い込み、それが受け入れられなければ閉じる、引きこもる、他者を認められないということが起きてくるように思う。こう考えてみると、今日の対社会からの「引きこもり」や、地域の崩壊、家庭の崩壊といったさまざまな現象と、九歳をどうのりこえていくのかということのあいだに深いつながりがあるのが見えてくる。

親と教師が創る学校

ハスフルトのシュタイナー学校訪問で分かってきたこと

今回の渡独では、ハスフルトのシュタイナー学校を創設した親たちのうちの八人に会い、学校設立までの経緯をうかがうことができた。ここで見たのは、女として、男として、親として、大人として成長した人間の姿であった。何としてもわが子に命の法則、命の道、人の道に沿った教育を受けさせたいと学校づくりにとりくんだ親たちは、そのあいだも成長しつづけるわが子の学びを保障する学校へ、片道二時間かけて送り迎えをするという日々を選択した。送迎にあまりに時間がかかる父親は、学校の部屋の一部を自分の事務所にし、継続した子どもの学びを保障したという。同時に、学校づくりのために、親たちは行政とかけあい、裁判をし、土地を探し、資金を集め、教師を養成するといったあらゆる障害を乗り越え、じつに十七年をかけて学校を誕生させた。当然のことながら、わが子は成人していたが、親たちはわが子に続く命のために、あきらめずにやり遂げたのだった。そして、それを支えた親たちの学びは今も続いているという。

こういうふうに親たちが取り組んでいる生きかたや姿勢が、子どもたちにとって何よりも大切な親たちによる授業として、子どもたちのなかに生きる力を育んでいく。「学校は国から与えられるものではなく、みずから創造するものである。学校づくりだけでなく、生きるというあらゆる行為はすべて同じことである」という親たちによる教育は、わが子のためだけという狭いエゴにとらわれていては、わが子にとっても結果的にもプロセスとしてもよくないことを知り尽くした親たちの共通の理解があって可能になることである。しかし、こうしてできた学校でも、誕生してからが大変なのだ。いったん回りつづけるコマを止めれば、そこには「停滞」が待っていることを彼らはよく知っている。創造するという行為に休みはない。しかも芸術的であってはじめて子どもたちの魂にとって意味のある場になることができる。私は彼らに会って、こんなにもこの地上には成長した大人たち、親たちがいたと、心からうれしくなり、元気をもらうと同時に、自分の立ち方や仕事ぶりをあらためてふりかえることとなった。

シュタイナー学校やシュタイナー教育を学ぶときには、この学校は親と教師が力を合わせて作っているという大前提を知っておく必要がある。シュタイナー学校の親や教師たちに会っていると、ほかの学校がいかに与えられた状況でしか動いていないかよく分かる。三十年間の自分の教師生活をふりかえっても、いかにこれまでの自分が受け身で、身動きがとれなかったか、よく分かってくる。それは、賢治の学校のように、校舎を借りる（つくる）ことをはじめ、黒板、チョーク、机、イス、運動用具などのさまざまな教材や、職員の人件費といったものをすべて自分たちの手でつくり出さねばならない状況を経験してはじめて分かったのである。誰かが何かをしてくれるのを待っていても、何もはじまらないのだ。自分から動かなければ、行政がいいように取り計らってくれるわけではない。

しかし、ここには、子どもたちの成長にあった授業をつくることができるという自由がある。子どもたちのためを第一に考えて、すべてに取り組むことができる自由がある。教師と親、親たちどうしのなかに起きてくる問題の一切を、私たちが「共同体の一員」として成長していく力に変えていくことができる可能性が無限に保障されている。本当のこと、真実だと思えることを大切にしてかかわりあえる自由と、それに見合う責任がある。自分のクラスだけとか、あの人はきらいといったエゴや感情に振り回され、生きるレベル、意識のレベルをぐっと下げて学校にかかわるのとはおおいに違う。ここは、私たちにとって、本当にぜいたくな学びの場なのである。こういった場が人の心をすがすがしくし、人としても成長させ、いちばん重要なことに力を注げるところであることは、誰にでも容易に想像できるのではないだろうか。

最後に

シュタイナー教育との出会いから、実に二十五年。言葉は悪いが、一九七〇年代の終わりごろから多くの親たちがとったシュタイナー狂ともいえる熱狂的なふるまいや、シュタイナーかぶれをおこす人たちを横目で見ながら、私はどこまでも慎重だった。また、共同体の成員が自己教育への厳しい道をおろそかにしたときに起きる感情的な問題が、シュタイナーから学んでいる人たちの中にも多く起きていることを見聞きしてきた私は、ますますこれは心して取り組み、決して自分自身の修行を忘れてはならないと、慎重になっていた。そして、その姿勢は今も変わらない。シュタイナーの思想の核心に、目に見えない霊的次元のものがあることも、私をより慎重にさせた。私のなかにそれらの力が強く働いていることを自覚しているがゆえに、慎重になったともいえる。

こうして、私は長い時間をかけて「本当にシュタイナー教育だけが教育なのか」を問い続け、公立学校や賢治の学校での授業を通して取り組み続けた。娘や息子の案内でドイツのシュタイナー学校を訪問し、シュタイナー関係の施設で学んだ経験はゆうに十回をこえている。シュタイナー思想と教育を学ぶため、ドイツから講師を招いて、日本各地でセミナーも毎年開いてきた。それでもなお、私は慎重だった。なぜなら、シュタイナー教育があまりにもすばらしいために、それを無批判に受け入れ、写し取るならば、かえってシュタイナー教育の本質からずれていく危険を察していたからである。

公立学校の教育の全面否定、公立学校と対置させるシュタイナー教育という学び方ではなく、あくまでも私は自分が取り組んできた教育や自分の授業のどこに問題があるのか、子どもたちのからだに実際に何が起きていたのかという観点から、「論」だけでなく自分の授業によって、これからもゆっくり取り組みたいと思っている。そうすることこそが、私の未熟な授業の犠牲になった子どもたちに対してできるせめてものつぐないであろう。これからも、私は確認しつづけていくだろう。王様が立っている絵を描いて「K」を教えるシュタイナー教育としてすっかり有名になった文字の指導方法でなければ子どもの文字の学習はできないか、この方法だけがベストなのか、もっと文字を豊かに教える方法はないのか、と。賢治の学校をつくってからも、私は、一見シュタイナー教育とはまったく違っているように見えるようなものにまであえて挑戦しつづけているのである。

「シュタイナー教育とはこういうものです」ということをからだで納得するまで思考せずに取り入れることは、シュタイナー教育の本質から離れていくおそれがあることに私がこだわるのは、私のからだからのメッセージに耳を傾けているからだ。それは、演出家の竹内敏晴氏や野口晴哉氏の整体法を学び、無意識のからだについて深い関心をもっていた私には当然のことであった。見方を変えれば、両氏は私にとって私が正当にシュタイナー教育の本質に触れていく布石を用意してくれていたともいえよう。

最後に、私にとってシュタイナー教育を理解していく上で決定的だったのは、賢治の学校という共同体の力があったことであることをもう一度付け加えておきたい。このなかでのさまざまな試みがあるからこそ、私はそれを起点に冷静に思考することができたのだ。今、東京賢治の学校は、教師と親たちが力を合わせて子どもの学びの場を責任を持てるものにするために、たいへんなエネルギーを発揮して取り組んでいる。教師だけでなく、共同体に責任を持とうとする親たちの自己成長には日々目をみはるものがあり、それは教師たちにも力をくれ、何よりも私を謙虚にしてくれる。この試行錯誤がベースにあったからこそ、シュタイナー思想の中核をなす共同体づくりの中での人間関係の道筋が見えてきたのだ。この本の本当の力が私たちの精神と呼応し合ったのだといえる。こんなすごい実践者の本がこの国に紹介されることで、良心的な教師や親たちは大きな力をもらえるに違いない。この本をきっかけに、子どもの未来を見据えた社会の創造に向けて進んでいく力が湧き上がってくるだろう。

もうあとには引けないこの道には、困難が山積している。しかし、それに取り組めることは大きな幸せでもある。また、子どもや社会に対して本当にしなければならないことは何か、深いところで模索し、気づき、語りあい、ともに行動する仲間がいる。これ以上の幸せはないのではないだろうか。おそらくシュタイナー学校をつくった親や教師たちは、こういう体験をしながら、八十年という密度の濃いドラマを刻んでいったのだろう。そういう先輩たちがこの世界にたくさんいると考えただけでも力が湧いてくるではないか。

おそらくこれからの私の人生は、このエラー氏の歩みや積み重ねてきた人類の財産というべき実践をわが国の土壌に紹介し、一人ひとりの親や教師のなかにある教育への希望の火を灯すものになっていくだろう。なぜならこの実践こそ、私が長いあいだこの全生命をかけて取り組んでき、たどりつけなかったものだからである。そして、私自身も、賢治の学校のなかで今までできなかったことを取り戻すかのように、日々実践をしなおしていくだろう。

私はこの本に出会えて、心からほっとしている。教師という仕事に希望を持って再挑戦だ。

著者紹介

ヘルムート・エラー（Helmut Eller）

1935年、ハンブルク生まれ。ドルナッハ・シュタイナー教育教員養成ゼミナール卒。ドイツのシュタイナー学校での担任を経て、1988年よりハンブルク・シュタイナー学校教員養成ゼミナールの代表として、シュタイナー教育の普及に力を注ぐ。現在は退職し、世界各国で精力的に講演活動を行なう。専攻は気質学。

訳者紹介

鳥山雅代（とりやま まさよ）

1968年、東京生まれ。自由の森学園卒業後、ミュンヘンのオイリュトミー学校で学ぶ。1995年から2002年まで、ニュルンベルクのシュタイナー学校でオイリュトミーを教える。現在は、ニュルンベルクアントロポゾフィー協会、賢治の学校とともに、ニュルンベルクでの日本人を対象としたシュタイナー教育のゼミナールを運営。訳書にマンフレッド・クリューガー著『MEDITATION—芸術としての認識』（東京賢治の学校）。

人間を育てる
—シュタイナー学校の先生の仕事—

二〇〇三年二月二〇日　初版第一刷発行
二〇〇七年二月一〇日　初版第三刷発行

著　者　ヘルムート・エラー
訳　者　鳥山雅代

発行者　林　美江
発行所　株式会社トランスビュー
東京都中央区日本橋浜町二−一〇−一
郵便番号　一〇三−〇〇〇七
電話　〇三（三六六四）七三三四
URL http://www.transview.co.jp
振替　〇〇一五〇−三−四一一二七

印刷・モリモト印刷　製本・ナショナル製本協同組合
ISBN4-901510-11-8　C1037